U0904632

教育部“中小学传统文化教育实践研究”课题实验读本
中华诵·经典义理教程
国学经典教程

陈杰思　毛　勇　编著

和

中华书局

图书在版编目(CIP)数据

和/陈杰思,毛勇编著. —北京:中华书局,2012.2
(中华诵·经典义理教程)
ISBN 978-7-101-08020-9

Ⅰ.和… Ⅱ.①陈…②毛… Ⅲ.品德教育-中国-通俗读物 Ⅳ.D648-49

中国版本图书馆 CIP 数据核字(2011)第 103660 号

书　　名	和
编 著 者	陈杰思　毛　勇
丛 书 名	中华诵·经典义理教程
责任编辑	祝安顺
出版发行	中华书局
	(北京市丰台区太平桥西里 38 号　100073)
	http://www.zhbc.com.cn
	E-mail:zhbc@zhbc.com.cn
印　　刷	北京天来印务有限公司
版　　次	2012 年 2 月北京第 1 版
	2012 年 2 月北京第 1 次印刷
规　　格	开本/787×1092 毫米　1/16
	印张 11½　插页 2　字数 200 千字
印　　刷	1-5000 册
国际书号	ISBN 978-7-101-08020-9
定　　价	23.00 元

自序：学经典义理 传中华精神

中华民族的伟大复兴与中华文化的复兴紧密相关。中共十六大提出将民族精神“纳入国民教育全过程”，十七大提出“弘扬中华文化，建设中华民族共有精神家园”，十七届六中全会提出“弘扬中华文化，努力建设社会主义文化强国”。要将以上指示精神落到实处，最重要的措施，就是要将国学经典纳入国民教育之中。

中华传统文化博大精深，在教育中缺乏而又最迫切需要进入学校的，就是义理之学。义理之学承载了中华民族的民族精神、人文精神以及道德观、价值观、人生观，是中华传统文化的灵魂。本教程首次为将义理之学纳入教育进行了全面的探索。

本教程具有以下六项价值：

一、培养道德品质：中华传统文化中有最完善的道德理论与践行事例，是当代中国人培养道德品质的主要资源。

二、汲取圣贤智慧：经典语句凝聚数千年以来中国圣贤的智慧，汲取圣贤智慧，才能提高自己的智慧。

三、提高人文素质：通过对中华义理经典的学习，提高文化素养，培育人文精神，实现真正的素质教育。

四、铸造健康人格：中华传统文化包含着丰富的精神营养，健康人格的成长与健康心理的养成，需要吸取中华文化中这些健康、积极的精神营养。

五、建立主导价值：在多元文化的社会中，须要通过国学经典来确立正确的价值观，以避免价值观的混乱与扭曲而导致行为失范。

六、提高汉语水平：背诵并理解大量的经典语句，记住每个字的音、形、义，有了古代汉语的基础，才能真正掌握现代汉语。

本教程具有以下四项特点：

一、主题鲜明，结构合理：整套教材以仁、义、礼、智、信、忠、孝、廉、毅、和十大义理为主题，每册教材分别以其中的一个主题为名，共十册。每个学期使用一册，使师生围绕着同一义理主题展开深入、系统的学习、思考与践行，理清思考的线索，可以避免重复，大大提高学习效率。

二、学思并重，知行合一：本教程将经典语句同大量的生命实践事例相结合，将经典文献与现实生活相结合，将思想观念的变化与行为习惯的养成相结合。通过对现实生存环境的分析与反思，通过对日常行为的指导与矫正，引导学习者将所学的思想，通过践行体现出来，达到“知行合一”的要求。

三、回溯源头，融贯古今：只要人类存在，就有共同的人性和道德观念存在。这些共同的道德观念存在于古代，但现代社会中仍然需要。当然，具体的道德行为标准会随着时代的变化而调整。我们不能把中华民族先民的智慧，当作与自己不相关的客观知识。所以，这套教材引导学习者回到源头，汲取数千年来中华民族创造的集体智慧，并同当代的现实生活相结合，同读者的思想观念与行为相结合，真正做到“古为今用”。

四、弘扬精华，与时俱进：中国文化具有动态性、开放性与包容性。所以，这套教材将历代文献中至今仍然具有生命力的经典语句集中起来，让大

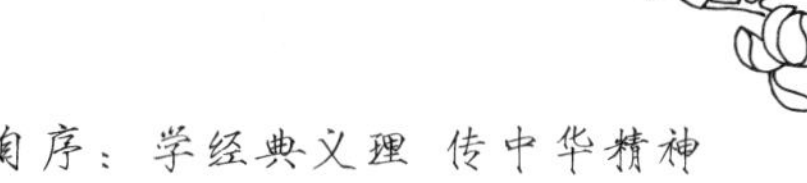

家认真诵读、理解、体悟、践行，文化的精华就会在人们的思想中得以强化，不拘泥于一时一派之说，从而激荡出时代的心声。

只有通过经典义理教育，提高道德素质和人文素质，建立正确的价值观和人生观，才能形成民族认同和文化认同，构建中华民族共有的精神家园，改良社会风气，促进社会和谐，实现科学发展。

（本书部分文章因选编时无法确知作者及联系方式，特此致歉，希望作者及时与编者联系，以便支付稿酬。联系人：陈杰思　E—mail:cjs18@126.com)

陈杰思

教材使用说明

近年来，国学越来越受到人们的重视。教学需求催生了大批介绍、解读国学的教材。清代学者认为学术分为义理之学、考据之学、词章之学三类。为传承国学经典中的“义理之学”，针对中小学教材中“义理教材”缺失的现象，编者参照国家基础教育课程标准，精选近千句经典义理名句，汇聚三百篇古今中外故事，杂以当今社会案例分析，辅以课前阅读预习、课后反省心得、课外集体活动，编成《中华诵·经典义理教程》十册。本教材首次探索以主题教育的形式将中华义理之学纳入现代教学领域，不妥之处在所难免，请广大师生在教学实践中检验、总结其优劣得失，再行修订。

本套教材主要供中小学师生作为国学教材来使用，古文全文注音，便于诵读；故事遍及古今中外，丰富多彩，增长知识，活跃思维；课后的【记言述行】，让家长、老师共同帮助学生学习、践行、反思。青少年则可以将其作为国学义理的读本，【理论指导】，剖析精义；【思考讨论】，深化辨析；【活动天地】，知行合一。各年级教师可以根据学生的年龄特征及认知水平，把握讲解的难度、深度，调整学习方式。建议在中小学，每周2课时左右，每一册可用一学期。十个分册不分顺序，学校可根据需要自行安排。同一套教材，可以在学校的各年级中循环使用。同时，本教材也可作为幼儿国学启蒙教材和大学生、企业员工、公务员及社会各界人士的国学培训教材。

关于《中华诵·经典义理教程》的教材体例，说明如下：

【引言】是对这一分册主题内涵及每课主要内容的精炼概括及引述，

便于读者把握全书框架。

【经典选诵】内容选择紧紧围绕本课主题内涵，汇聚历代文献中有代表性的经典语句，按该主题应有的逻辑结构，在相应的主旨下有序地编排起来，对主题义理内涵进行阐释、展开或补充。这是每课的重点部分，配以拼音、译文、注释，要求学生朗读、背诵。

【延伸阅读】根据每课主题内涵，通过讲述古今中外人物的事迹，对主题进行阐释。学生通过阅读文章，感知、理解经典义理的涵义，进而更加深入地理解主题。

【理论指导】主要从理论方面切入，深度阐述本课主题，联系生活实际，与经典彼此印证，并针对现实存在的问题，提出对其行为有明确指导意义的建议。

【热身阅读】主要是与该课主题内容相关的古今中外人物故事、现象，是课前必须学习的内容，并针对文章提出相应的问题，引出课文主体【经典选诵】；也可以作为结合实际、思辨导行的材料，让学生进一步品味经典，感悟经典。

【思考讨论】依据每课经典主题，面对各种社会现象，设计出一系列的思考题目。这是每课的次主体，是课堂上供教师选择处理的问题部分，作为本课的思想拓展、延伸、辨析。

【记言述行】让学生针对本课内容写出学习理解及践行的心得体会，并对自己的践行情况做出自我总结，家长和老师可根据学生的自我评价及其对经典的践行情况做出鼓励性、建议性的评语，让经典语句内化成学生的素质，以促进学生进一步学以致用。

【活动天地】教师可根据教学实际情况选用这一版块或自行设计活动。

通过活动让学生能够学以致用，在生活中加深对经典义理的感悟，在行动中植入民族义理根本，让优秀传统文化精髓内化于心、外显于行。这部分内容可以激发学生学习的兴趣和动力，活跃思维，增长见闻，提升教与学的效果。

【总结】利用三字一句的韵文对这一分册各课内容进行全面总结，并配以译文诠释大意。同时，以书法字帖的形式展现，以供学生临摹。这部分内容朗朗上口，便于记忆，要求学生熟练背诵。

其中，【经典选诵】【延伸阅读】【理论指导】是每课的正文，教师必须在课堂上给学生讲解清楚，【热身阅读】【思考讨论】【记言述行】【活动天地】属于辅文，教师可以灵活选择是否在课堂上讲解。

本教程在使用中遵循经典教育八项原则：一曰诚敬，培养对历代圣贤的恭敬之心，并以此来面对经典，虚心接受经典的教导。二曰理解，掌握经典语句的现代意义，随着人生阅历的增加而不断加深理解。三曰体悟，用自己的心灵去体会经典语句的精神内涵。四曰集萃，按照逻辑编排中华经典文句，使之有纲有目，有线索和要点，以方便学习、理解、体悟与运用。五曰诵记，通过对经典的反复诵读，持之以恒，熟读成诵，使经典语句入脑入心。六曰涵养，在天然良知的基础上，将大量的经典语句融会贯通，在实践中得以不断强化，并通过涵养而形成品性。七曰信仰，以诚心、虚心体悟经典语句，促进自我内在善性的充分体现，接受经典语句所饱含的生命精神的滋养，培育内心信念。八曰力行，遵循经典提供的人生教导，将经典所承载的人伦大道运用于实际生活中，达到“知行合一”的境界。

陈杰思　毛　勇

目 录

引 言

“和”的小篆写作“咊”，从口，禾声。《说文解字》中说，“和”本义作“相应”解，乃彼此心声相应之意，故从口。又以“禾”本象嘉谷顺垂之形，兼有相依从之意，彼此顺而相从，故“和”从禾声。“口”表示以声音相应，就像唱歌的和声；“禾”在古代指粟子，也就是谷子，后来俗称小米，是北方民众的主要食物，代表善、美好。这两个部分合起来，意思就是用善的东西与外界相配合，概括地说就是协调。

“和”有协调、和谐、适中、合作等含义。孔子的弟子有子说：“礼之用，和为贵。”“和”的精神是儒家文化所特别强调的精神，包括团结统一、爱好和平、兼容并包的精神，也有人类同大自然和谐共处的天人合一精神。孟子说：“天时不如地利，地利不如人和。”“和”具体的内涵及实现途径是厚德载物、良性竞争、仇必和解、中庸之道、和而不同、抑强扶弱、和实生物、阴阳和谐、均衡互制、各安其位等。孔子主张“君子和而不同”，认为在建立和谐关系时必须坚持道义原则；在实践中要注意避免出现投机、世故、圆滑、不敢坚持原则等问题。倡导“和”的精神，可以养成中华民族爱好和平、团结友爱、维护统一的民族品格。

步辇图

此图描绘贞观十五年唐太宗李世民接见来迎娶文成公主的吐蕃使者禄东赞的情景。

第一课　兼容并包

躬自厚而薄责于人，则远怨矣。

——《论语·卫灵公》

经典选诵

义理七则

主旨1：宽恕包容

1.1 子曰："躬自厚而薄责于人，则远怨矣。"①（《论语·卫灵公》）

1.2 子曰："君子求诸己，小人求诸人。"②（《论语·卫灵公》）

1.3 不教而杀谓之虐；不戒视成谓之暴；慢令致期谓之贼。③（《论语·尧曰》）

1.4 以己量人之谓恕。④（[汉]贾谊《新书·道术》）

---

①孔子说："严格要求自己而少责备别人，就可以避开怨恨了。"躬自：自己对自己。

②孔子说："君子严格要求自己，小人严格要求别人。"

③不经过教育，（犯了罪）就诛杀，这就是虐；不先告诫便要成绩，这就是暴；起先懈怠，突然限期，这就是贼。

④从自己的所喜所恶去推度别人的所喜所恶，这就是恕。

zé jǐ suǒ yù, bì dāng shī zhū rén.
1.5 则己所欲，必当施诸人。[①]

（[清]刘宝楠《论语正义·颜渊第十二》）

主旨2：有仇必解

yǒu xiàng sī yǒu duì, duì bì fǎn qí wéi; yǒu fǎn sī yǒu chóu, chóu bì hé ér jiě.
2.1 有象斯有对，对必反其为；有反斯有仇，仇必和而解。[②]（[宋]张载《正蒙·太和》）

xiāng fǎn xiāng chóu zé è, hé ér jiě zé ài.
2.2 相反相仇则恶，和而解则爱。[③]（[清]王夫之《张子正蒙注》）

---

①自己所需要的，就应当给予他人。

②任何现象都有对立的方面，有对立的方面必定产生相反的作用，产生相反的作用就造成仇恨，有了仇恨最终要和解。

③相互对立，互相仇恨，就会产生恶；和谐相处，互相谅解，就会产生爱。

延伸阅读

阅读下面的文章，回答问题：

楚庄王绝缨

一次，“春秋五霸”之一的楚庄王宴请群臣。席间，大臣们开怀畅饮。忽然，一阵风吹过，所有的灯火都灭了，宴席上顿时变得一片漆黑，人群中也出现了一阵骚乱。这时，一名将士酒后无德，趁着黑乱扯住了楚庄王爱姬的衣服。这位爱姬十分机智，就顺手扯下了这个人的冠缨，马上把这件事告诉了楚庄王，并叫他命人点燃灯火，只要看到谁的冠缨断了，就知道调戏楚庄王爱姬的那个人是谁。可出人意料的是，楚庄王却高声宣布：“大家在灯火点燃之前都扯下自己的冠缨，谁不照办，就要受罚。”

当灯火再次被点亮时，只见群臣头上的冠缨都已拔去了，而那个调戏楚庄王爱姬的人自然也就无法查出。楚庄王的宽容大度，免除了一场血光之灾，大家又可以继续尽情饮酒作乐了。

几年之后，晋国攻打楚国。战场上，一名楚国将军表现得十分英勇，杀敌无数，立了大功。楚庄王很奇怪，问他：“我德行不高，又未曾有恩于你，你为什么为我如此拼命？”这位将领含泪答道：“大王，臣就是曾经在酒宴中调戏您爱姬的那个人……大王能原谅臣的过错并为臣解围，不追究臣的过错，臣感激不尽。从那时起，臣就立志要为大王效劳，并时刻准备着为国效命！”

你怎样看待楚庄王的做法？这个故事告诉我们什么道理？

理论指导

如何做到“兼容并包”

包容是一种美德，更是一种智慧，而怨恨则如一剂毒药。怀着怨恨的心，则无疑是用别人的过错来惩罚自己，让自己远离快乐的海洋，犹如走进了阴暗的监牢。所以，为什么不用宽广的胸怀让自己安享快乐呢？

生活中的确有许多不如意的事，可是，怨恨又有什么用呢？一方面于事无补，另一方面，又在制造新的悲剧——当我们无法释怀的时候，我们的身体也会成为恶劣情绪的牺牲品——为什么人发怒的时候脸色很难看？那是因为每当我们发怒的时候，身体连带受到了很大的伤害。

海纳百川，有容乃大。何况我们自己也会犯这样那样的错误，也同样希望得到别人的谅解。人人都是社会风气的一分子，如果大家都苛责于人，那么，当我们自己不小心犯错的时候，也不会得到别人的原谅。因此，包容，不仅仅是原谅对方，也是为自己准备一条出路。

德行犹如光明，所到之处，思想中的黑暗就会尽消。反之，如果我们身边还有人犯错，就说明我们德行的光辉还有所不足，不然，为什么不能化解他人的愚昧和痴迷呢？他人的过错是我们的一面镜子，照出了自身道德中的缺陷与不足，所以，圣贤总是厚责于己，薄责于人。

包容，只是智慧的第一步。

热身阅读

阅读下面的文章，回答问题：

愤怒的拿破仑

法兰西第一帝国皇帝拿破仑战功赫赫，曾征服过西欧和中欧的大片土地，但却因为缺乏包容之心，加快了他走向失败的速度。

有一天，著名的美国发明家富尔顿兴致勃勃地拿着自己刚发明的蒸汽机铁甲战船图纸，找到拿破仑，建议他用这项发明取代当时法国的木制舰船。

开始，拿破仑还很有兴趣，认真地听着富尔顿的陈述。过了一会儿，只听拿破仑突然咆哮起来："滚吧！你这个十足的蠢货！"

富尔顿感到莫名其妙，只好带着图纸快快离开。

原来，并不是他的发明不好，只是他的一句恭维话得罪了拿破仑："伟大的陛下，您将成为世界上真正最高大的人！"拿破仑身材矮小，生平最忌讳别人说他矮，他认为富尔顿是在说反话嘲弄他。

最后，英国买走了富尔顿的这项发明，从此建立了强大的海军，而法国则远远地落在了后头。

拿破仑为什么没有接受富尔顿的提议？这个故事给了我们什么启示？

思考讨论

1.阅读材料，回答问题：

我叫小影，和同班的小娟是好朋友，也是邻居。我们常常结伴去上学，也经常在一起玩。但是，我妈妈和她妈妈关系不太好，我总是看到她们为一点小事吵得不可开交。有一天，我想去找小娟玩，可妈妈却坚决不让我去，还说了很多小娟妈妈的坏话。我听了，很苦恼，也很难过。我该怎么办呢？

2.如果别人偷看了你的日记，你该怎么办？

3.有些同学因为一点小矛盾，就互相对骂，甚至大打出手，这样好吗？请阐述宽容在社会生活中的影响。

4.阅读材料，回答问题：

①一天，小刚与小强在教室里打闹，无意间把小鹏的书打落到地上，小刚、小强并未注意，跑了出去。小鹏发现后，转身把小刚、小强的书丢在地上。当小刚与小强知道后，就对小鹏大打出手。

②坐公交车的时候，一位阿姨踩了小王的脚。小王心平气和地说："不好意思，是不是碍着您了？"那位阿姨随即道了歉，事情愉快地解决了。

上面两个案例的结果为什么不同？除了宽容以外，你觉得与人相处还应该具备什么美德？

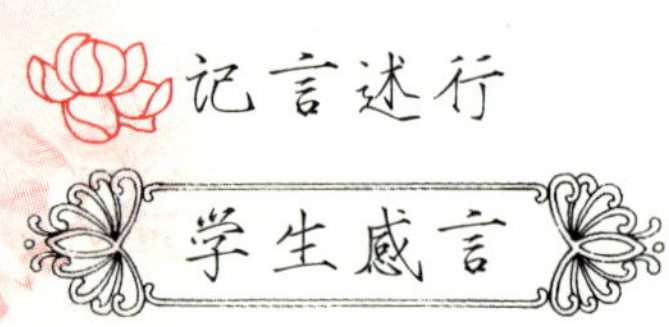

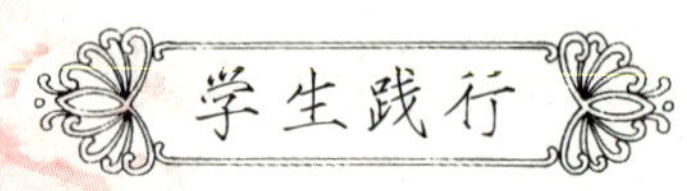

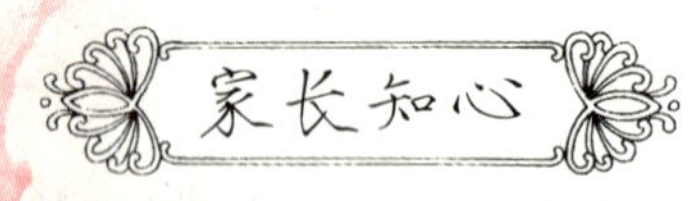

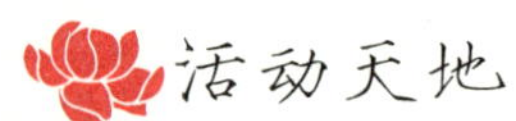

网络查阅：宽容是美德

活动目标：

不管是由于人的天性，还是由于社会环境的影响，我们人类总是不够宽

容，于己、于人、于自然都是这样。然而，我们又是多么渴望人人都有一颗宽容的心，因为我们总会犯或大或小的错误，多多少少会怀有一些偏见，又总难免有一些不合时宜的言行……学会宽容，不仅仅是善待他人，也是对自己的救赎。本次活动旨在通过对"宽容是美德"这一话题的资料收集、思考与反省来培养学生的宽容之德。

活动过程：

1.在网络中搜索"宽容"和"美德"的相关资料。

2.整理出这些资料的要点，以之对照自己的行为，看看自己身上存在着怎样的问题。

活动总结：

请同学们把自己身上存在的问题总结出来，写在日记里。

第二课　中庸之道

喜怒哀乐之未发，谓之中；发而皆中节，谓之和。中也者，天下之大本也；和也者，天下之达道也。致中和，天地位焉，万物育焉。

——《礼记·中庸》

经典选诵

义理九则

主旨1：中庸之道的完整意义是执守正道

xǐ nù āi lè zhī wèi fā wèi zhī zhōng
1.1 喜怒哀乐之未发，谓之中；
fā ér jiē zhòng jié wèi zhī hé zhōng yě zhě tiān
发而皆中节，谓之和。中也者，天
xià zhī dà běn yě hé yě zhě tiān xià zhī dá dào
下之大本也；和也者，天下之达道
yě zhì zhōng hé tiān dì wèi yān wàn wù yù
也。致中和，天地位焉，万物育
yān
焉。①（《礼记·中庸》）

fán shì xíng yǒu yì yú lǐ zhě lì zhī
1.2 凡事行，有益于理者立之；
wú yì yú lǐ zhě fèi zhī fú shì zhī wèi zhōng shì fán
无益于理者废之，夫是之谓中事。凡
zhī shuō yǒu yì yú lǐ zhě wéi zhī wú yì yú lǐ zhě
知说，有益于理者为之，无益于理者

①喜怒哀乐未发之时，处于不偏不倚的状态，这叫“中”；喜怒哀乐已发之时，能够都符合正道，这叫“和”。中，是天下通行的根本法则；和，是天下通行的大道。达到“中”与“和”，天与地就会各安其位，万物就会生长。

shě zhī fú shì zhī wèi zhōng shuō shì xíng shī zhōng wèi zhī
舍之，夫是之谓中说。事行失中谓之

jiān shì zhī shuō shī zhōng wèi zhī jiān dào jiān shì
奸事，知说失中谓之奸道。奸事、

jiān dào zhì shì zhī suǒ qì ér luàn shì zhī suǒ cóng fú
奸道，治世之所弃而乱世之所从服

yě
也。①（《荀子·儒效》）

主旨2：适度存在

shì yǐ shèng rén qù shèn qù shē qù tài
2.1　是以圣人去甚，去奢，去泰。②

（《老子》第二十九章）

guān jū lè ér bù yín āi ér bù
2.2　《关雎》，乐而不淫，哀而不

shāng
伤。③（《论语·八佾》）

guò yóu bù jí
2.3　过犹不及。④（《论语·先进》）

---

①做事情，凡是有益于道理的就确立，无益于道理的就废弃，这就是正道之事。知识学说，凡是有益于道理的就信守，无益于道理的就舍弃，这就叫中说。做事失去了正道就叫奸事，知识学问失去了正道就叫奸道。奸事、奸道，被和平昌盛之世所抛弃，被乱世所推崇。

②所以，圣人不去走极端，杜绝奢侈，不傲慢。

③《关雎》，快乐而不过分，忧愁而不过度悲伤。淫：过分。

④“过”与“不及”都是一样（错误的）。

jūn zǐ huì ér bù fèi láo ér bù yuàn yù ér

2.4 君子惠而不费，劳而不怨，欲而

bù tān tài ér bù jiāo wēi ér bù měng

不贪，泰而不骄，威而不猛。①（《论语·尧曰》）

主旨3：和而不同

jūn zǐ hé ér bù tóng xiǎo rén tóng ér bù

3.1 君子和而不同，小人同而不

hé

和。②（《论语·子路》）

wàn wù bìng yù ér bù xiāng hài dào bìng xíng

3.2 万物并育而不相害，道并行

ér bù xiāng bèi

而不相悖。③（《礼记·中庸》）

主旨4：抑强扶弱

tiān zhī dào sǔn yǒu yú ér bǔ bù zú rén zhī

4 天之道，损有余而补不足。人之

dào zé bù rán sǔn bù zú yǐ fèng yǒu yú

道则不然，损不足以奉有余。④（《老子》第七十七章）

---

①君子给人民好处，而自己却无所耗费，（使百姓）劳累但不（因过度而）产生怨恨，自己欲仁欲义但不能叫做贪婪，庄重但不骄傲，威严但不凶猛。

②君子讲求和谐，但不必和别人完全相同；小人讲求与别人完全相同，但不追求和谐。

③万物共同生长而不互相侵害，各种道理共存而不互相冲突。

④天道是减少有余的来补给不足的，人间世道就不是这样，减少不足的来奉献给有余的。

延伸阅读

阅读下面的文章，回答问题：

皇帝的中庸

唐玄宗天宝十四年（公元755年），安史之乱爆发。安禄山召集二十万大军，日夜兼程，浩浩荡荡杀入中原。自“贞观之治”以来，唐代升平日久，军队战斗力锐减，军备空虚。逢此大变，文武将官，手足无措，要么开城迎敌，要么弃城逃跑，要么兵败被杀。安史叛军一路南下，势如破竹，东都洛阳、西都长安相继落入叛军之手。大唐江山岌岌可危，中原百姓流离失所。

第二年，玄宗之子肃宗即皇帝位，便任命名将郭子仪为朔方节度使，以期收复京都。郭子仪临危授命，联络诸将，运筹帷幄，亲指疆场，于至德二年（公元757年）先后收复长安、洛阳。因其功勋卓著，被封为代国公。一次，郭子仪入朝觐见时，肃宗亲自慰劳他说：“朕这大唐江山和身家性命，都是郭卿再造啊！”

正因为郭家劳苦功高，后来，代宗把升平公主嫁给郭子仪之子郭暧为妻。一次，夫妻二人发生争执。看着公主骄横跋扈的样子，郭暧一怒之下便冲她说：“你有什么了不起！只是我爹不愿意做皇帝，你才成了今天的公主！”公主一听，立即把这作为一条欺君大状告诉了皇帝。但唐代宗只微微一笑，说：“确实如此，没有郭子仪，我今天也做不了皇帝。他只是说点私房话罢了。”

这个故事中代宗皇帝的高明之处在哪里？

如何获得平和的心境

理想的生活状态，是始终生活在快乐之中。这种快乐，就是由“道”所产生的，所以，《中庸》中说：“道也者，不可须臾离也，可离非道也。”可是，我们是始终快乐的吗？恐怕不是。《中庸》接着说：“君子中庸，小人反中庸。”其中的原因是“君子之中庸也，君子而时中；小人之中庸也，小人而无忌惮也”。我们在很多时候的确是不太守规矩的，也就是“无忌惮”，随意违背道德、践踏礼仪，所以，经常不如意、不快乐，也就不足为奇了。

可是，我们怎么样才能始终快乐呢？如何在纷纭乱象中保持一份平和的心境呢？这就需要非同一般的智慧和功底。这听起来很难做到，但是孟子认为“人皆可为尧舜”，我们怎么能妄自菲薄呢？比如，我们小的时候可能就有非常远大的理想，可是，我们却不能立即实现，所以才要从小学开始，经过初中、高中……一步一步地向心中的目标迈进。所以，我们可以预先制定远大目标，然后经过一步一步的努力，最终达成。

修学圣贤之道也是如此。在内心中，我们可以确立远大的道德理想；在外在行为上，则可以逐步、分阶段地去向目标迈进。如此一来，一方面，不会因为目标小就放纵自己，或动力不足；另一方面，我们又可以接受自己当前处境的低下，并因此而宽恕他人的过错，因为大家都处在通往圣贤大道的路途中。

在平常生活中，如果境遇顺利，我们自然也就容易保持平和的心境，

可是，如果不顺利呢？通常来说，导致境遇不顺的原因大约有三个方面，第一，自身的不足；第二，他人的不足；第三，当下的目标没有达成。遇到这样的情况，应该怎样处理呢？我们可以一一分析。

第一，由于自身的不足而造成的境遇不顺。我们容易因此而产生积极的心态，比如惭愧、自责、奋进等。而这些积极心态的产生有利于心境的平和，心境的平和又有利于我们的理性思考，并因此而易于发现问题、改善问题。这样一来，我们就能稳步前进，并从中获得快乐。

第二，由于他人的不足而造成的境遇不顺。在这个问题上，可以从两方面来考虑：第一个方面，从自身的角度来考虑。如果我们有足够的智慧光明，那么，身边就不会有黑暗。反之，如果发现他人有不足之处，就说明我们德行的光辉不足。所以即便不是我们的过错，我们也要因此而感到惭愧。第二个方面，从他人的角度去考虑。我们的生活就像是一道道考题，他人犯下的过错，就是生活以此来考验我们的修养和能力。以这样的观念来处理事物，便于我们保持平和的心境。如果能善用以上两种思维方式，那么，我们的心态是可以保持相对平和的。因为我们避免了负面情绪的出现，而正面的情绪，则有助于平和心境的形成。

第三，在自己和他人都没有大过错的情况下，当下的目标没有达成。这样的情况，其实是自己和别人能力都不足的表现。遇到这样的情况，应互相检讨、彼此鼓励，以有助于团队的团结以及后续的合作。

在负面情绪的控制下，不利于保持理智；而理智的失衡，只会让局面进一步失控。因此，自始至终保持平和的心境是非常重要的，这也是中庸之道的入门之法。

热身阅读

阅读下面的文章，回答问题：

晏子论“和”与“同”

有一天，齐景公在晏子的陪同下打猎归来。这时，齐景公信任的大夫梁丘据骑马赶来进见。齐景公高兴地对晏子说：“你看，只有梁丘据与我‘和’啊！”晏子听了不赞同，就说：“梁丘据也只不过是‘同’罢了，哪里说得上‘和’？”齐景公不理解，问：“‘同’跟‘和’有区别吗？”

晏子说：“当然有了。‘和’如同做羹汤，用水、火及各种佐料来烹调鱼和肉，厨工烧煮后，加以调和，使味道适中，太淡就加调料，味浓就加水冲淡。以国君和大臣的关系来说，对于任何一个方案，国君认为可行，但是其中可能也有不可行的地方，大臣能够直言不讳地指出其中不可行的部分而使这个方案更加完备；或者国君认为它不可行，但是其中也有可行之处，大臣能够直言不讳地指出其中可行的部分。这样，就可以帮助君王在做决策的时候少犯错误，这样就叫做‘和’。”

齐景公深以为然，不停地点头。晏子话锋一转：“您刚才说的梁丘据却不是这个样子。您说行，他就也说行；您说这件事不行，他也赶快改口说不行。就如同用清水去调剂清水，谁愿喝它？所以，‘同’是行不通的啊。”

后来，孔子继承了“和”、“同”之说并加以发展，这就是《论语》中所说的“君子和而不同，小人同而不和”。

根据上面的故事，结合经典，谈谈你对“君子和而不同，小人同而不和”的理解。

思考讨论

1.阅读材料，回答问题：

老师：同学们，你们认为什么是“中庸之道”？

学生小甲：我觉得中庸就是平庸。

学生小乙：我认为讲“中庸之道”就是做“好好先生”，处事圆滑。

老师：同学们，你们认为小甲和小乙说的对吗？请你列举现实生活中能体现中庸之道思想的事例并加以简要分析。

2.在与他人相处时，如何做到在出现任何分歧时，都本着友善和仁爱的精神妥善解决？

3.阅读材料，回答问题：

有一个知书达礼的秀才，举手投足都符合礼节。一天，他外出有事，正像往常一样身正步稳、不慌不忙地走在街上。突然，风起云涌，豆大的雨点密密麻麻地落下来，他不由得伸出袖子遮住头脸，飞快地往家跑去。跑了一阵，转念一想：现在我这样满街乱跑，实在不成体统。幸亏我觉悟得早，现在改还来得及……于是，这个秀才又跑回刚才起跑的地方，冒着雨一步一步地慢慢走回家去。

你怎样理解这个故事的寓意？

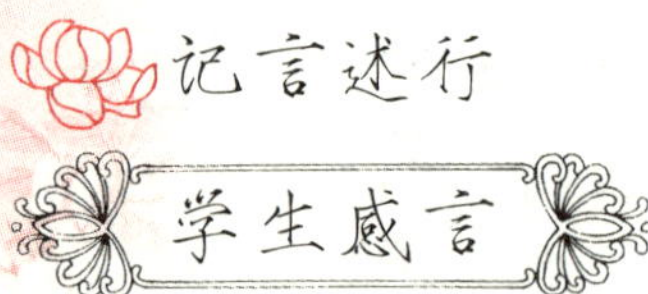
记言述行
学生感言

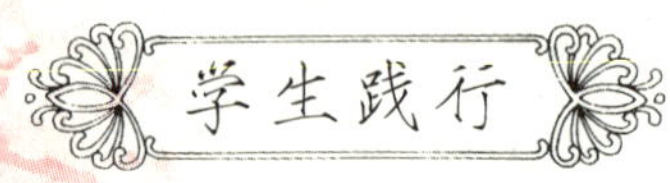
学生践行

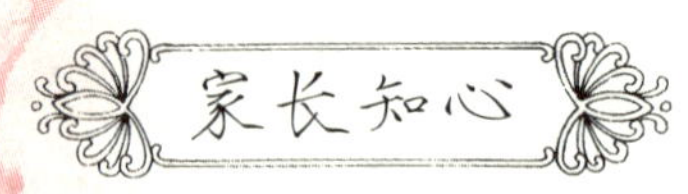
家长知心

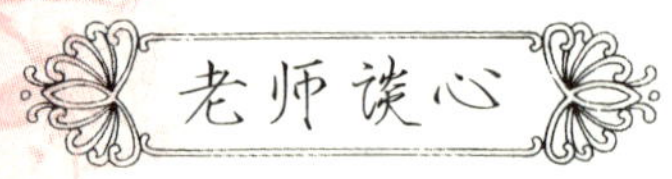
老师谈心

和

日往则月来，月往则日来，日月相推而明生焉。寒往则暑来，暑往则寒来，寒暑相推而岁成焉。

——《周易·系辞下》

经典选诵

义理六则

主旨1：生生不息

1.1 富有之谓大业，日新之谓盛德，生生之谓《易》。①（《周易·系辞上》）

1.2 日往则月来，月往则日来，日月相推而明生焉。寒往则暑来，暑往则寒来，寒暑相推而岁成焉。②（《周易·系辞下》）

1.3 《易》穷则变，变则通，通则久。③（《周易·系辞下》）

①拥有万物，这是伟大的事业；天天进步，就是崇高品德；生生不息，就是《易》道。
②太阳落之时，月亮就升起；月亮落之时，太阳就升起。太阳和月亮相互交替，光明就产生了。寒冷消退，暑热来临；暑热消退，寒冷来临。寒暑交替，年岁就形成了。
③《周易》之道，是处于困境中就要变化，变化了就可以通达，通达了就可以长久。

主旨2：和实生物

hé shí shēng wù, tóng zé bù jì
2.1　和实生物，同则不继。①（《国语·郑语》）

wàn wù gè dé qí hé yǐ shēng
2.2　万物各得其和以生。②（《荀子·天论》）

gǎn ér hòu yǒu tōng, bù yǒu liǎng zé wú yī. gù shèng rén yǐ gāng róu lì běn, qián kūn huǐ zé wú yǐ jiàn yì
2.3　感而后有通，不有两则无一。故圣人以刚柔立本，乾坤毁则无以见易。③（［宋］张载《正蒙·太和》）

延伸阅读

阅读下面的文章，回答问题：

文成公主入藏和番

中国古代有许多“和亲”的故事。“和亲”就是朝廷把皇室之女下嫁给番邦国王，用来改善各民族之间的关系，如昭君出塞、金城公主外嫁等。

---

①（不同因素之间）和谐相处，就能产生新的事物；（只有）相同因素的累积，事物就不会得到发展。

②万物各自达到它的和谐状态，就能不断生长。

③互相感应才会贯通，没有对立的双方就没有统一体。所以，圣人以刚强和柔弱作为根本之道，天地阴阳毁灭了，就不会有变化。

其中最让人难以忘怀的就是大唐贞观十五年，十六岁的文成公主入藏，嫁给了吐蕃（今西藏）王松赞干布。这一“和亲”的举动，是唐太宗为了更好地治理正值盛世的大唐深思后所作出的决定。

当时，吐蕃是个非常闭塞落后的地区，和中土基本没有来往。贞观十二年（公元638年），吐蕃王松赞干布率军攻打大唐边城松州，但很快被唐军抓获，之后便俯首称臣，并向唐朝求婚，想做大唐的女婿。为了顺应民心，更好地稳定边疆西藏，使吐蕃归顺大唐，唐太宗答应了松赞干布的求婚。于是，太宗派江夏郡王、礼部尚书李道宗护送“文成公主”入藏和番。

送亲队伍浩浩荡荡，有陪嫁的侍婢、文人、乐师以及农技人员，还携带了大量的书籍、乐器、粮食种子等，这些陪嫁品无疑从经济和文化上对吐蕃的发展提供了巨大帮助。文成公主“和亲”就是肩负着这项神圣的任务远嫁吐蕃，她本人也成为了汉藏和睦相处的纽带。

松赞干布兴高采烈地与文成公主结为秦晋之好。为了表达自己的诚意，还为心爱的妻子修建了气势雄伟的布达拉宫，并下令臣民拜汉族文士为师，虚心学习汉族文化和农技、乐器等，又派了一批又一批贵族子弟远赴长安学习。这一系列的做法，大大增强了吐蕃经济的发展，整整三十年，汉藏和睦相处，其乐融融。

文成公主为什么进藏？请你叙述文成公主入藏的意义和历史作用。有人说文成公主是可怜的政治牺牲品，这种说法对吗？为什么？你知道历史上还有哪些和亲的故事吗？

理论指导

“和实生物”解析

我们在现实生活中难免会跟别人起纷争，那么，遇到这种情况应当如何处理呢？首先，纷争多因斗争之心过于固执，往往非此即彼，不能圆融，以致你争我斗，水火不容。可是，难道水与火真的就不能相容吗？不然！恰恰相反，正是因为水火交融，生命才能延续。

为什么说只有水火交融，生命才能延续呢？西周末年的史伯说“和实生物，同则不继”，《周易》中说“一阴一阳之谓道”。其实这两句话就已经告诉我们，矛盾双方共存、和谐、融合才能生长出万物。

可是，我们如何在现实中运用这样的理论呢？这就要求我们要有涵养，能包容。虽然追求善道，也要能容小人，这就是“和而不同”的精神。但是容小人不代表做“好好先生”，当“和事佬”，放纵小人，而是应当以悲悯的心去规劝、去引导，这样才能有利于双方。

热身阅读

阅读下面的文章，回答问题：

诤友论敌两相知

朱熹和陆九渊，史上并称“朱陆”，两人都是宋代著名的理学家、大儒，被后人尊称为朱子和陆子。他们学识渊博，著作颇丰，但双方的学术观点不同。朱熹认为“有理而后有气”，“理”是万物之源，“气”则是构成万物的材料。陆九渊提出“心即理也”的理论，认为“心是天地万物的本源”。因此，他们经常针锋相对，互不相让，各持己见，争论了十几年也没有结果，成为名噪一时的一对“论敌”。

最著名的一次辩论是在南宋淳熙二年，朱熹和陆九渊在江西信州鹅湖寺进行了一场大辩论，双方就各自的哲学观点展开了激烈的辩论，两人都争得面红耳赤，不可开交，这就是著名的“鹅湖之会”。

虽然朱熹和陆九渊的学术观点不同，但这并不妨碍他们之间的友情，反而在争论中更加深了友谊，他们既是论敌又是诤友。两人在学术上可以说是由异而趋同，相互切磋，取长补短，互拜为师，完全没有门户之见。朱熹重建白鹿洞书院时，还热情邀请陆九渊前来助阵，这位“论敌”欣然前往。朱熹更将陆九渊的治学警句镌刻在石碑上，至今还立于“白鹿洞书院”的门口。

朱熹和陆九渊两人都是大哲学家，请你结合“和实生物，同则不继”的道理谈谈他们的哲学成就与他们的争论是否有关系。

思考讨论

1.俗话说“一个槽子上拴不住两叫驴”，也有人说“事物之间的差异并不一定意味着矛盾和对立，反而意味着和谐统一、发展与进步”。请根据经典语句辨析上述观点。

2.什么是“和实生物”？请你举一个生活中的例子来说明这个道理。

3.阅读材料，回答问题：

人们都知道“水火不相容”的常识，可是2000年的悉尼奥运会上，圣火是从水中点燃的。水与火在这里实现了彼此和谐，从而诠释了奥林匹克精神中互相融合、共生共存的理念。

结合本课内容谈谈上述材料给了我们什么启示。

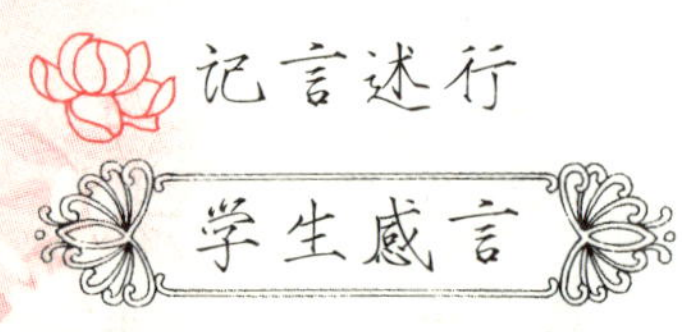

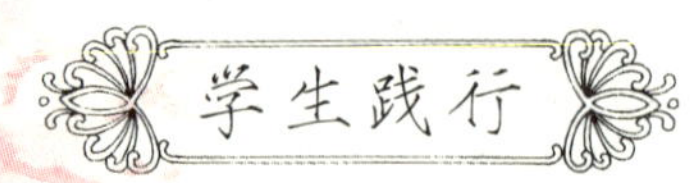

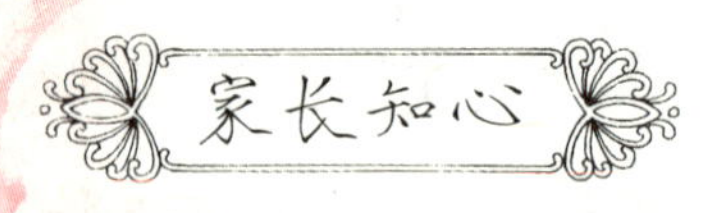

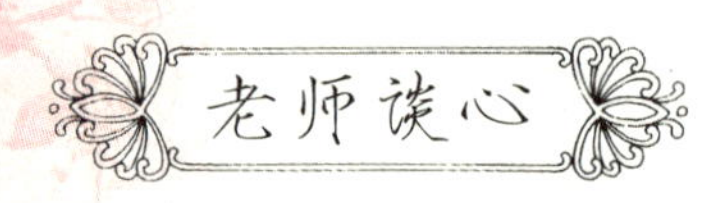

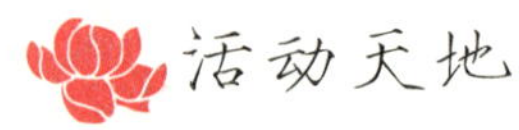

“文成公主入藏”短剧表演

活动目标：

1.通过收集、整理和运用资料，培养学生获取和运用知识的能力，使学

生在活动中学会合作，并分享表现的乐趣。

2.通过短剧的编演，形象地再现历史情景，使学生加深对汉藏人民世代友好的情感体验，明白不同民族之间的友好交流有利于民族发展，同时培养学生客观看待历史问题的能力，形成正确的历史观。

活动过程：

教师简要介绍文成公主入藏的历史背景，请学生搜集相关素材，自编、自导、自演并评价这一历史短剧。

1.将全班同学分成三组，分别出演“入藏前”、“婚礼中”、“入藏后”三幕。

2.各组推选两名评委、一名监制，其他同学承担编剧、导演和道具等工作。

3.请同学们写出剧本初稿后，由教师审查并提出指导性建议，师生共同讨论、修改和彩排。

活动总结：

教师组织学生对每一组同学的表演进行评价，选出表演最好的那一组。同时，也可以选出最有特点的演员，如“最具表演气质奖”、“最具明星潜质奖”、“最佳男女主角”等；并请这些演员说一说对自己所扮演的角色的看法。

第四课 阴阳和谐

大成若缺，其用不弊，大盈若冲，其用不穷。大直若屈，大巧若拙，大辩若讷。

——《老子》第四十五章

义理六则

主旨1：阴阳和谐

1.1 故有无相生，难易相成，长短相形，高下相倾，音声相和，前后相随。①（《老子》第二章）

1.2 大成若缺，其用不弊，大盈若冲，其用不穷。大直若屈，大巧若拙，大辩若讷。②（《老子》第四十五章）

①所以有与无相互生成，难与易相互促成，长与短相互显现，高和低相互依存，音和声相互和谐，前与后相互跟随。

②圆满的东西好像有残缺，它的功能没有弊病；最充实的东西好像有虚空，它的作用是无穷无尽的。最直的好像弯曲，最高妙的好像笨拙，最能辩的好像口钝。

主旨2：均衡互制

zhì shèng wén zé yě, wén shèng zhì zé shǐ. wén zhì bīn bīn, rán hòu jūn zǐ.

2　质胜文则野，文胜质则史。文质彬彬，然后君子。①（《论语·雍也》）

主旨3：各安其位

qián dào biàn huà, gè zhèng xìng mìng.

3.1　乾道变化，各正性命。②（《周易·乾·彖》）

tiān zūn dì bēi, qián kūn dìng yǐ.

3.2　天尊地卑，乾坤定矣。③（《周易·系辞上》）

fú tiān dì zhī qì, bù shī qí xù, ruò guò qí xù, mín luàn zhī yě.

3.3　夫天地之气，不失其序，若过其序，民乱之也。④（《国语·周语上》伯阳父语）

---

①质朴胜过文饰，就显得粗野；文饰胜过质朴，就显得繁缛。文饰与质朴相得益彰，这样的人才是君子。彬彬：形容配合谐调。

②天道变化，万物各自发挥自己的特质作用。

③天处于上位，地处于下位，乾坤秩序由此而确立。

④天地之间的气，秩序不乱；如果秩序乱了，人民就会混乱。

延伸阅读

阅读下面的文章，回答问题：

叔孙通制礼

叔孙通是秦汉时期的大儒者。

楚汉战争结束后，刘邦即皇帝位。当时制度草创，仪法简约，群臣在未央宫里经常开会讨论时政，武将们则饮酒争功，酣醉妄呼，拔剑击柱，刘邦在一旁看着，觉得很不对劲。叔孙通知道刘邦有厌烦之心，就趁机进言说：“我们这些儒者虽然不能够和您一起马上打天下，但能够助您守天下。我愿意带领学生们为您制订一套礼仪。”刘邦问：“礼仪这东西很难吧？你要知道我们没什么文化。”叔孙通说：“礼仪其实不是为了约束大家，而是要作为沟通的桥梁。它以人之常情为本，只不过加以规范化和仪式化罢了，并不复杂。”刘邦说：“那好，你就试试吧！”

于是，叔孙通就带着自己的学生采集古礼，参考秦仪，制定了一套礼仪，演习了一个多月，然后请刘邦观赏。刘邦一看，这套礼仪还比较简单，我们这些粗人也能学会，于是就启用了叔孙通的这套方案。从那以后，群臣按照礼仪行事，进退有序，文明礼貌，未央宫里再也不像先前那样乱成一团了。

叔孙通制礼的目的是什么？

理论指导

和为贵

中医是中国自古以来保障人民生命质量的国粹。在水平高超的中医那里，神奇、精准的诊疗手段，让我们叹为观止。

五行是中医最基础的理论之一，而五行相互依存、相互克制的特性，则有助于我们寻找解决现代社会症结的方案。比如，在五行关系中，土能克水，因此，依现代思维，水、土就彼此不能相容。真的是这样吗？不然，正所谓“水旺得土,方成池沼”，正是因为有土的围绕克制，才能有水库、池塘的存在，以利苍生。同时，也只有在土的护佑下，江河才能正常流动，否则，决堤而出，就会荼毒生灵。

可是，孔子说“过犹不及”。所以，无论水势过强，还是土势过强，都会出现失衡的局面。比如五谷果蔬的生长需要水分，唯有湿润的泥土，才有助于作物的生长。这也是水、土共济，以利苍生的表现。因此，出现干旱的时候，我们需要引水灌溉，使水土保持相对平衡，以利作物的生长。同理，引水的过程中也需要保持平衡。如果引水过少，恐怕还没有流到田地，就已经干涸了，这就是所谓的“水弱逢土，必为淤塞”。如果引水过多呢？一旦失衡，恐怕连引水的堤都会被冲毁，这就是所谓的“土能克水，水多土流”。因此，水、土如果能保持相对的平衡，就能有利于苍生；如果失衡，就会出现干旱或洪水等不好的局面。就好像中医诊病，不在消灭病菌，而在力图维持脏腑的平衡，过强则削，过弱则补。唯有如此，身体才能健康。如果任凭一脏一腑独自壮大，其他脏腑受到克制，那么也就不会有健康的身体。再比如治理国家，无论是过度的专制，还是过度的放纵，都会导致政权不稳。所以，《孝经》中说“昔者天子有争臣三人，虽无道不失其天下。诸侯有争臣三人，虽无道不失其国。大夫有争臣三人，虽无道不失其家。士有争友，则身不离于令名。父有争子，则身不陷于不义。故当不义，则子不可以不争于父，臣不可以不争于君，故当不义则争之”。在教育中，我们发现学生们也是如此。一个人过于刚强，就会鲁莽，容易招惹麻烦；如果过于柔弱，就缺乏担当，怯于作为，难以成事。因此，我们需要调和学生们的性格。太刚强的，要软化，使之知道轻重，才可以避免灾祸；太柔弱的，要鼓励，使之勇于任事，才能有所成就。

古人强调不偏不倚、均衡互制的思想。比如，儒家强调中庸，佛家推崇中道，中医则强调平衡。有些人认为老子推崇柔弱胜刚强，其实不然。老子生活在春秋末期，当时的诸侯国穷兵黩武、争强好斗，因此，老子针对当时社会的特点，特别在著作中给出了化解的药方。这是对症治病的方法，并不是柔弱和刚强关系的本质。那么，本质是什么呢？是平衡。比如，利斧劈柴，刃至木裂，因此，怎么能单说柔弱胜刚强呢？事实上，老子的药方，在现在的社会中仍然适用。

如果能学习一点中医知识，那么，无论是对治学还是理事，都是极为有利的。因为中医的关键在于一个和字，而当今的社会，正是缺少和气的。《论语》中说“礼之用，和为贵”，这也是孔子一生都致力于恢复礼制的原因。

热身阅读

阅读下面的文章，回答问题：

华佗三试青蒿

东汉华佗，精通内、外、儿、针灸各科，是医德高尚、手到病除的杏林国手，老百姓称他为“神医华佗”。我们后来在称赞一位医生医道高明的时候，就常常称之为“华佗再世”。但是，在探索黄痨病的治疗方法时，华佗却曾经一筹莫展。为了找到有效的治疗方法，他开始悉心研究。一个偶然的机会，华佗听说有一个黄痨病病人吃完一种叫青蒿的草后痊愈了。华佗非常高兴，赶忙去山上采回青蒿来为病人医治，没想到却毫无效验。华佗不气馁，找到那位痊愈的病人详细询问，才知道那人吃的是三月的青蒿。华佗听了，恍然大悟，原来春三月百草生长发芽，正是药力最强的时候，采用这个时候生长的青蒿，才可以治愈黄痨病。

第二年三月，华佗采来青蒿，又经过反复研制，终于治好了许多黄痨病人。然而，三月过后，青蒿又失去了药效。为了摸清其中的规律，华佗不厌其烦，继续摸索。在第三年的三月，他分别对青蒿的根、茎、叶进行实验，终于发现了只有幼嫩的茎叶才可以入药。由于这种草春天因陈根而生，所以将它命名为“茵陈”。

后来，民间流传了这样一首歌谣来纪念华佗三试青蒿草的故事：三月茵陈四月蒿，传给后人切记牢。三月茵陈治黄痨，四月青蒿当柴烧。

结合上面的故事谈谈你对“事物之间可以互相转换”这个问题的理解。

思考讨论

1.什么是“文质彬彬”呢？在当今现实社会中，如何解决“文胜质”和“质胜文”这两个问题？

2.阅读材料，回答问题：

步鑫生是浙江海盐衬衫厂厂长，他的治厂方针是“人无我有，人有我创，人赶我转”，并秉持着这个理念不断地尝试研制新产品。有一次，步鑫生看到市场上有一种黑底红花的针织涤纶面料很畅销，受到了启发，于是马上设计出了“黑牡丹”女衬衣，很快在全国引起了一阵销售热潮。这时，他并没有趁热打铁，扩大生产，而是根据“物极必反”的道理，果断地停止了“黑牡丹”的生产，转而生产另外几种款式新颖的女衬衫，又获得了市场好评。正是“无者有之、有者无之”的经营艺术使海盐衬衫厂取得了一段辉煌成绩。

以上材料给了我们哪些启示？请举例说说你的理解。

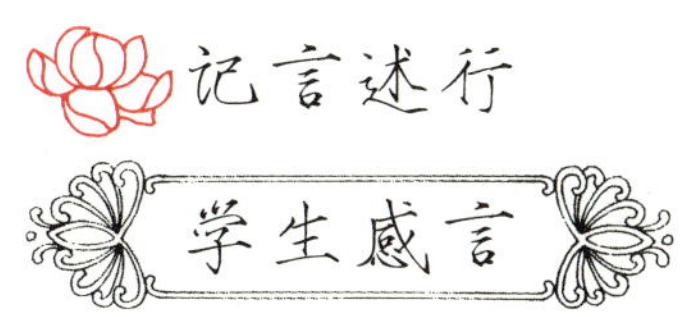

记言述行

学生感言

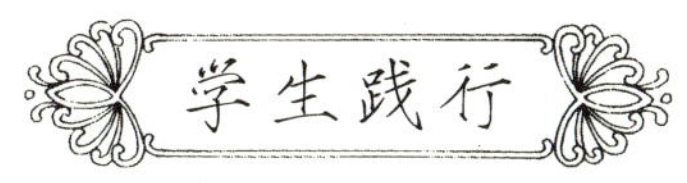

学生践行

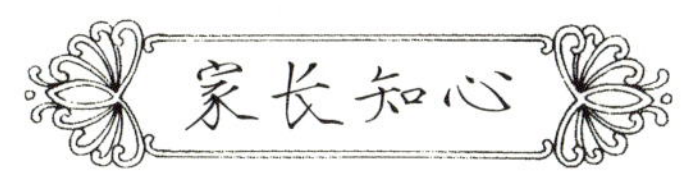

家长知心

老师谈心

父子有亲，君臣有义，夫妇有别，长幼有序，朋友有信。

——《孟子·滕文公上》

经典选诵

义理十一则

主旨1：道德表率

1.1 子曰：“为政以德，譬如北辰，居其所而众星共之。”①（《论语·为政》）

zǐ yuē wéi zhèng yǐ dé pì rú běi chén jū qí suǒ ér zhòng xīng gǒng zhī

1.2 哀公问曰：“何为则民服？”孔子对曰：“举直错诸枉，则民服；举枉错诸直，则民不服。”②（《论语·为政》）

āi gōng wèn yuē hé wéi zé mín fú kǒng zǐ duì yuē jǔ zhí cuò zhū wǎng zé mín fú jǔ wǎng cuò zhū zhí zé mín bù fú

1.3 子曰：“其身正，不令而行；其身不正，虽令不从。”③（《论语·子路》）

zǐ yuē qí shēn zhèng bù lìng ér xíng qí shēn bù zhèng suī lìng bù cóng

---

①孔子说：“按道德的标准从政，就像是北极星，处在自己的位置上，众多的星辰环绕着。”北辰：北极星。共：通“拱”，拱卫、环绕。

②鲁哀公问道：“怎样做才能使民众顺服？”孔子说：“将正直的人置于邪恶的人之上，民众就顺服；将邪恶的人置于正直的人之上，民众就不服从。”错：通“措”，放置。

③孔子说：“为官者自身端正，不强行命令就能推行各项举措；为官者自身不端正，即使发号施令也没有人服从。”

主旨2：修养道德

jūn zǐ jīn ér bù zhēng, qún ér bù dǎng.
2.1　君子矜而不争，群而不党。①（《论语·卫灵公》）

yuǎn rén bù fú, zé xiū wén dé yǐ lài zhī, jì lài zhī zé ān zhī.
2.2　远人不服，则修文德以来之，既来之则安之。②（《论语·季氏》）

fù zǐ yǒu qīn, jūn chén yǒu yì, fū fù yǒu bié, zhǎng yòu yǒu xù, péng yǒu yǒu xìn.
2.3　父子有亲，君臣有义，夫妇有别，长幼有序，朋友有信。③（《孟子·滕文公上》）

主旨3：感化他人

tiān dì gǎn ér wàn wù huà shēng, shèng rén gǎn
3.1　天地感而万物化生，圣人感

---

①君子庄重而不同别人争执，团结众人而不结党营私。矜：庄重。党：结党营私。
②边远的人不归服，就以施仁政、兴礼乐招徕他们，他们来归附了，就使他们安定下来。
③父子之间要相亲相爱，君臣之间要有道义，夫妇之间要有分别，长幼之间要有秩序，朋友之间要有信义。

rén xīn ér tiān xià hé píng
人心而天下和平。①（《周易·咸·彖》）

yǐ dé fú rén
3.2 以德服人。②（《孟子·公孙丑上》）

jūn zǐ yǐ rén cún xīn, yǐ lǐ cún xīn.
3.3 君子以仁存心，以礼存心。

rén zhě ài rén, yǒu lǐ zhě jìng rén. ài rén zhě rén héng
仁者爱人，有礼者敬人。爱人者人恒

ài zhī, jìng rén zhě rén héng jìng zhī.
爱之，敬人者人恒敬之。③（《孟子·离娄下》）

主旨4：治国之道

gǔ zhī yù míng míng dé yú tiān xià zhě, xiān
4.1 古之欲明明德于天下者，先

zhì qí guó; yù zhì qí guó zhě xiān qí qí jiā; yù
治其国；欲治其国者先齐其家；欲

qí qí jiā zhě xiān xiū qí shēn; yù xiū qí shēn zhě xiān
齐其家者先修其身；欲修其身者先

zhèng qí xīn; yù zhèng qí xīn zhě xiān chéng qí yì;
正其心；欲正其心者先诚其意；

---

①天地交感，万物生长；圣人感受人民的心愿而达致天下和平。

②用道德来使别人信服。

③君子心中保存着仁道，保存着礼仪。仁就是爱人，有礼貌就是尊敬人。爱护他人的人，他人总是会爱护他；尊敬他人的人，他人总是会尊敬他。

yù chéng qí yì zhě，xiān zhì qí zhī；zhì zhī zài gé wù。
欲诚其意者，先致其知；致知在格物。①（《礼记·大学》）

4.2　tiān shí bù rú dì lì，dì lì bù rú rén hé。
天时不如地利，地利不如人和。②（《孟子·公孙丑下》）

延伸阅读

阅读下面的文章，回答问题：

魏国之宝

吴起与魏武侯泛舟黄河，顺流而下，行至半途，魏武侯回过头对吴起说："山川险要壮美，这真是魏国的瑰宝啊！"吴起回答说："国家政权的稳固，在于施德于民，而不在于地理形势的险要。从前三苗氏左临洞庭湖，右濒彭蠡泽，但是因为不修德行，不讲信义，所以夏禹灭掉了三苗氏。夏桀的领土，左临黄河、济水，右靠泰山、华山，南边有伊阙山，北面

①在古代，要在普天之下弘扬光明道德，必定是先治理好自己的国家；要治理好自己的国家，必定是先管理好自己的家庭和家族；要管理好自己的家庭和家族，就必须先修身养性；要修身养性，必须先端正自己的心思；要端正心思，必须先使自己的意念真诚；要想意念真诚，必须先有知识；要有知识，就必须探究事物。格物：穷究事物的原理。

②天时有利不如地理有利，地理有利不如人与人和谐。

有羊肠坂，但是因为夏桀不施仁政，所以商汤放逐了他。殷纣的领土，左边有孟门山，右边有太行山，北边有常山，南面有黄河，但是因为殷纣不施仁德，武王把他杀了。由此看来，稳固政权在于施恩给百姓，不在于地理形势的险要。如果您不施恩德，即便同乘一条船的人也会变成您的仇敌啊！”魏武侯说道：“说得好！”

你怎样理解吴起的观点？

理论指导

为政之道　不离于德

《道德经》中说“失道而后德，失德而后仁，失仁而后义，失义而后礼”，当今这个时代，在政治上提倡平和也需要用适当的出于仁慈之心的武力去维系。孔子当政的时候，也动用了武力，并不完全是柔风细雨。可是，在《论语》中，孔子又一再反对武力，这是为什么呢？事实上，孔子反对的不是武力，而是使用武力背后的残暴不仁之心。这有什么区别呢？因为即便是同样的行为，如果发心是不一样的，结果也会不一样。比如，我们在劝诫他人的时候，如果采用和缓、仁慈、威严等好的态度，即便对方不接受我们的劝诫，也能感受到我们的好意，不会引起双方冲突。可是，如果采用冲动、傲慢、暴戾等坏的态度，即便我们说的是对的，对方也不一定能听从，甚至会怀恨在心。好的态度，犹如温暖的水，不仅能解渴，还让人感到舒适；而不好的态度，则犹如冰冷的水，即便能解渴，恐怕也

会引起肠胃的不适，甚至因此而致病。

因此，孔子所严厉责备的，是不良的念头以及不轨的行为，并不是能否使用武力的问题。比如，季氏自己犯上作乱、欺辱国君，却想让国民都奉公守法，这可能吗？所以，孔子又说“其身正，不令而行；其身不正，虽令不从”，这可以说是为人处事的关键所在，如果违背了这样的原则，即便能刚柔兼顾，也一定会出现混乱。所以，为政以德，为人以德，这是总纲。即便是使用武力，或者惩罚他人，也要出于仁德之心，这样才不会出差错。所以，当我们不能达到目的的时候，一定要检查自己的发心，到底是光明的还是阴暗的。如果是光明的，那么，其中所灌注的智慧够不够呢？尺度把握得好不好呢？即便有好的发心，如果智慧不足，也难以把事情办好。

内心的平和，是仁慈的作用；为人处事的平和，是智慧的作用。因此，仁慈和智慧，是“和”的两条腿，缺一不可。

和和和和和和和和和和和

热身阅读

阅读下面的文章，回答问题：

晋国苦盗

曾经有一段时间，晋国出现了很多小偷，晋侯为此十分苦恼。据说有一个名叫郤（xì）雍的人很善于辨认小偷，只要他看一看相貌和神情，就能知道眼前的人是不是小偷。晋侯听后十分高兴，便请他去指认小偷。

果然，郤雍凭借火眼金睛，辨认盗贼小偷，百无一失。小偷渐渐变少了，晋侯欢喜非常，忍不住向老臣赵文子炫耀，说："我只用这一个人，就杜绝了全国的小偷，省了多少人力啊！"

赵文子却不以为然，说道："如果您只依靠探查去捕捉小偷，小偷是不会绝迹的，而且我估计郤雍也不得好死。"

果然，小偷们得知让他们走投无路的是郤雍，因此，聚众谋划要铲除这个大敌。不久，小偷们的阴谋得逞，郤雍最终被杀掉了。

得知郤雍被杀，晋侯十分震惊，立即召见赵文子，说："果然不出您所料，郤雍被小偷们杀了。这下我要怎么捕捉小偷？"

赵文子听后说："大王如果真的想杜绝偷盗行为，就应该任用以身作则的贤士。只要人民受到教化，有羞耻之心，就不会去偷窃了。"

晋侯听从了赵文子的忠告，选拔、任用贤能之士。很快，晋国的小偷就都跑到秦国去了。

思考讨论

1."为政以德"包括哪些内涵？请你用简要的语言概括。

2.孔子和历代圣贤对为政者自身提出了哪些要求？请结合本课经典语句做出详细的分析。

3.古代儒家主张以德治国，现代社会更强调依法治国。治国应以"德"为重还是以"法"为重？请结合本课内容，谈谈你对这个问题的看法。

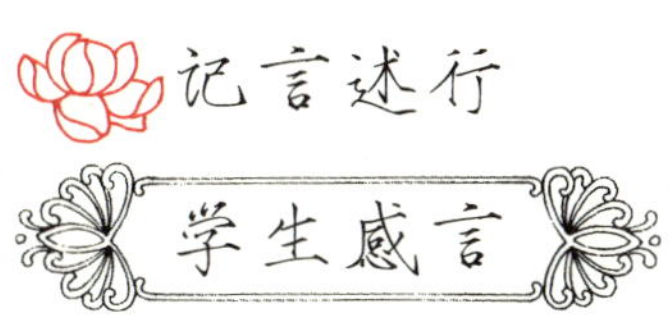
记言述行
学生感言

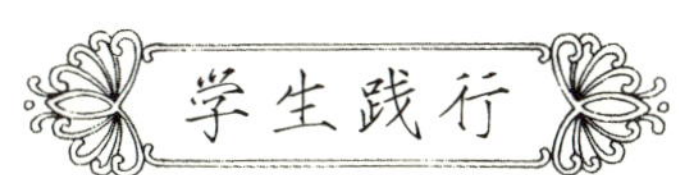
学生践行

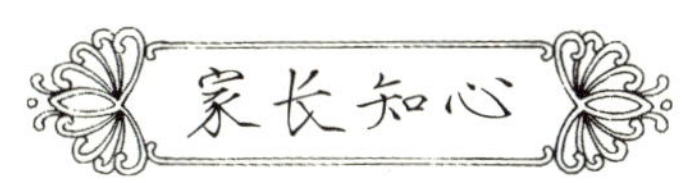
家长知心

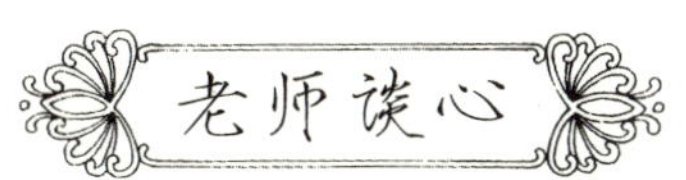
老师谈心

知

第六课　大道之行

夫福善之门莫美于和睦，患咎之首莫大于内离。

——《汉书·宣元六王传第五十》

经典选诵

义理六则

主旨1：天下为公

dà dào zhī xíng yě tiān xià wéi gōng xuǎn
1 大道之行也，天下为公。选
xián jǔ néng jiǎng xìn xiū mù gù rén bù dú qīn qí
贤与能，讲信修睦，故人不独亲其
qīn bù dú zǐ qí zǐ shǐ lǎo yǒu suǒ zhōng zhuàng
亲，不独子其子，使老有所终，壮
yǒu suǒ yòng yòu yǒu suǒ zhǎng guān guǎ gū dú fèi
有所用，幼有所长，矜寡孤独废
jí zhě jiē yǒu suǒ yǎng nán yǒu fèn nǚ yǒu
疾者，皆有所养。男有分，女有
guī huò wù qí qì yú dì yě bù bì cáng yú
归。货，恶其弃于地也，不必藏于
jǐ lì wù qí bù chū yú shēn yě bù bì wèi
己；力，恶其不出于身也，不必为
jǐ shì gù móu bì ér bù xīng dào qiè luàn zéi
己。是故谋闭而不兴，盗窃乱贼
ér bù zuò gù wài hù ér bù bì shì wèi dà
而不作，故外户而不闭，是谓大

tóng
同。[①]（《礼记·礼运》）

主旨2：家庭和谐

2.1 夫福善之门莫美于和睦，患咎之首莫大于内离。[②]（《汉书·宣元六王传第五十》）

fú fú shàn zhī mén mò měi yú hé mù huàn jiù zhī shǒu mò dà yú nèi lí

2.2 家门和顺，虽饔飧不继，亦有馀欢。[③]（[清]朱用纯《朱子家训》）

jiā mén hé shùn suī yōng sūn bù jì yì yǒu yú huān

2.3 居家戒争讼，讼则终凶；处世戒多言，言多必失。[④]（[清]朱用纯《朱子家训》）

jū jiā jiè zhēng sòng sòng zé zhōng xiōng chǔ shì jiè duō yán yán duō bì shī

---

①大道的推行，达到天下公平。选择贤者，推举能者，讲信用，建立和睦关系，所以人们不只亲爱自己的亲人，不只将自己的孩子当做孩子，让老人有善终，壮年人有所作为，幼儿有良好的生长环境，鳏夫、寡妇、孤老、孤儿、残废者、疾病者，都有安养的地方。男人有职责，女人有归属。人们厌恶把财货抛在地上的行为，爱惜财物却不一定要占为己有；憎恶在劳动中不尽力的行为，人不一定要为私利而劳动。所以，计谋被放置起来，不拿出来用，盗窃作乱者没有出现，从家中外出不必关门，这就叫做大同。与：通“举”。矜：通“鳏”。

②福善之门中没有比和睦更美好的，祸患魁首没有比内部分离更大的了。

③家门和睦相处，即使吃饭上顿不接下顿，也有很多欢乐。饔飧：早饭和晚饭。

④在家里要戒除争吵，争吵最终都是祸害；为人处世要戒除话多，话多了必定会有过失。

2.4 勿恃势力而凌逼孤寡，毋贪口腹而恣杀牲禽。① ([清]朱用纯《朱子家训》)

2.5 兄弟同胞一体，弟敬兄爱殷勤；须是同心竭力，毋分尔我才真。② ([清]石成金《传家宝·安乐铭》)

延伸阅读

阅读下面的文章，回答问题：

天下为公

尧担当部落联盟最高首领时，一心为民，他的仁德像天空一样广大，他的智慧像神灵一样神奇，他对待百姓像太阳一样的和煦。他富有而不骄纵，高贵而不傲慢，他手下的臣民总是看到他在不停地忙碌，威武而又和气。他以仁义治理国家，百姓在他的英明统治下安居乐业，和睦相处。

---

①不要依仗势力欺压孤儿寡母，不要贪图口腹之欲而肆意杀害牲畜家禽。恣：随意。

②兄弟同胞浑然一体，弟要恭敬，兄要慈爱、殷勤；必须是同心尽力，不分你我，才是真正的兄弟。

就这样忙了几十年，一转眼，尧也老了，渐渐感到力不从心了，就想物色一个人来接替自己。

一天，他问众大臣："谁是顺应天时而又能够委以重任的人呢？"

一个叫放齐的人建议道："我看您的儿子丹朱，聪明能干，是个人才，可以接替您。"

尧叹了口气，摇摇头说："像他那样没有修养又不讲信用的人，怎能担当如此重任？"

过了一段时间，尧对众人说："诸位首领，我已经当了七十年的君主了，你们谁能顺应天命，我就把君位让给他。"

大家互相看看，然后说："我们无才无德，不敢接任。"

尧说："既然如此，就请你们推荐一个人吧。"

有人举荐舜。舜是乐师瞽的儿子，当时舜的处境很难，父亲愚昧顽固，继母诡诈偏心，弟弟蛮横不讲理，但舜仍坚守着孝悌之道，上敬父母，下爱幼弟，努力与家人和睦相处，勤勤恳恳做事。

尧也听说过舜，决定考验一下他，便授给他官职。尧让舜用父义、母慈、兄友、弟恭、子孝这五种美德来教育民众，大家都被感化了；又让他处理政务，管理百官，他出色地完成了任务，官员都听从他的命令；又让他接待四方来朝的诸侯，各路诸侯也都恭敬而顺从；最后，尧命令舜去守护山林，舜做得也很好，即使遇到狂风暴雨也不会迷失方向。

于是，尧对舜说："好了，考察已满三年，你可以登上君位了。"

在次年正月初一那天，尧举行禅让典礼，把君位让给了舜。

尧在位七十年，禅让帝位二十八年以后去世。当初，有人问尧为什么把帝位传给舜而不是自己的儿子丹朱。尧回答说："把帝位传给舜，虽然丹朱的利益会受到损害，但天下人却会得到益处；如果把帝传位给丹朱，丹朱的利益得到了满足，而天下人的利益却会受到损害。我终归不能拿天下人的利益来满足丹朱一人的私欲啊。"

尧为什么不把君位传给自己的儿子而是让给贤良的舜？这体现了他什么样的精神？

理论指导

大同治世　在于慎始

善与恶，是人的两种天性。在人不断的思维和行动之中，这两种天性也会不断地循环。循环之初，它们之间的差别或许不大，可是，天长日久，善恶之间体现出来的差别就不可估量了。古语说"君子慎始，差若毫厘，缪以千里"，我们的理念如果一开始就出现了阴暗的苗头，日积月累，烦恼就会如野草一样疯长，痛苦接踵而至。

以管仲治国之策为例，他提出了"相地而衰征"、"通货积财"等改革措施。但孟子并不认可管仲，孔子也认为他小器，因为管仲虽然为齐国实现了富国强兵的目的，可是却进一步推动了恶的循环，以至于天下越来越黑暗，到了战国乱世，终于不可收拾。那么，这个恶的循环是怎么回事呢？

在管仲的时代，天下已经失德。可是管仲非但没有大力恢复道德，反而去迎合人们非分的欲望，并利用民众对财货的贪心来扩充国家的财

富，将整个国家的体制变成了一个大兵营。而失去了仁义的战争，特点就是争斗之心。人们的争斗之心也被利用起来了，这样一来，贪心和争斗之心的循环都被开启了。

起先，由于人们的道德水平还不算太低，整个体制并没有出现太大的问题。随着农业和商业的发展，人们的生活逐渐富裕，人心也就变得相对安逸起来了。君子有闲暇，就会学习；而贪心和争斗之心被鼓动起来的小人一旦有了空闲，便开始倾向于一些有损道德的爱好，好逸恶劳的恶行便逐渐膨胀了。由于这种不健康的生活需要钱财支持，而这时失去了勤劳品行的人们为了维系物质上的享受，便会使用各种奸诈的手段以及不正当的手法。长此以往，世风日下。

所以，管仲的成就，就像给齐国打了兴奋剂。最初似乎有所成效，可是时间久了，身体的衰败是超过正常速度的。所以，后来的齐国君主被自己的大臣夺取了政权，丧失了君位；而曾经强大的霸主晋国，则被自己的三家大夫瓜分。国强而君亡，难道不令人深思吗？鼓励大家贪婪和争斗，因此，国君也成了贪婪和争斗的牺牲品。失去道德的国家，国君尚且不能保全，何况平民百姓呢？

因此，只有提倡道德，基于道德，为人处世才没有后患。大同治世，唯有从慎始开始，开启道德的循环，才能有与日俱增的幸福与光明。

热身阅读

阅读下面的文章，回答问题：

楚人失弓

楚王外出游猎，不慎丢失了佩带的弓。手下人请求去寻找，但楚王制止了他们，说道："楚国人丢失了弓，反正会被楚国人拾到，又何必去寻找呢？"

孔子听说这件事后，说："他的话中去掉那个'楚'字就好了！"

老子听说这件事和孔子的评论后，说道："依我看，再去掉那个'人'字就好了。"

在"楚人失弓"的故事里，楚王、孔子和老子的说法不同，这体现了哪三种思想境界？

思考讨论

1.《礼记·礼运》中关于"天下大同"的描述，是两千多年前的中国人对人类美好社会的构想，请展开想象的翅膀，用你的笔描绘出两千年后的社会风貌。

2.孔子的"大同"社会跟陶渊明描绘的那个"世外桃源"有没有相似的地方？请结合本课所学，谈谈你的看法。

3.阅读材料，回答问题：

材料一：温家宝总理在看望我国著名文学家、教育家和社会活动家季羡林时说：“‘和合故能谐’，就是说，有了和睦、团结，行动就能协调，进而就能达到步调一致。协调和一致都实现了，便无往而不胜。人内心和谐，就是主观与客观、个人与集体、个人与社会、个人与国家都要和谐。个人要能够正确对待困难、挫折、荣誉。”（根据“新华网”资料整理）

材料二：“构建社会主义和谐社会”的理念已深入人心，全国各地纷纷行动，落到实处。构建和谐校园，也是构建社会主义和谐社会的重要内容。学校决定开展“构建和谐校园”的主题活动，以发扬和传承中华传统文化精髓。

①结合以上材料，举例说明我国正在努力构建社会主义和谐社会。（至少三个方面）

②列举校园中存在的不和谐现象，并为消除这些不和谐的现象提两条建议。

③如果你是“构建和谐校园”主题活动的策划者，你会采取哪些活动形式？（至少三个方面）

④你认为学生应怎样为构建和谐社会而努力？

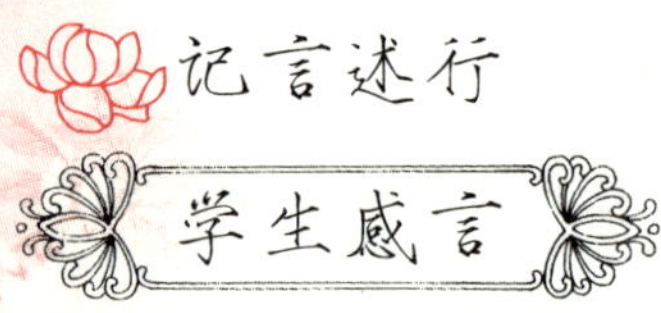
记言述行
学生感言

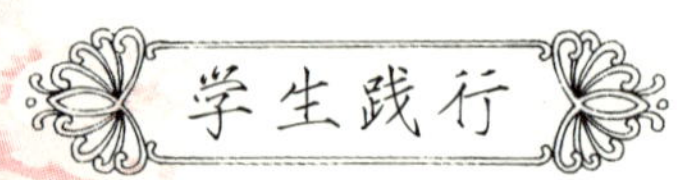
学生践行

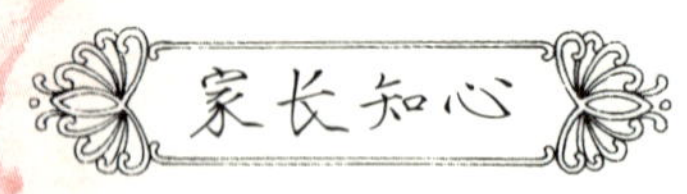
家长知心

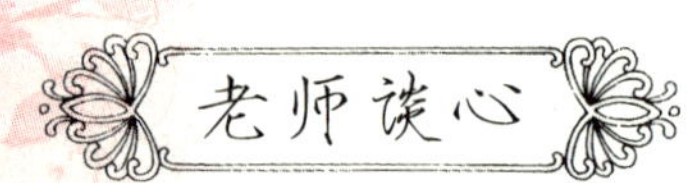
老师谈心

第七课　万物一体

林间松韵，石上泉声，静里听来，识天地自然鸣佩；草际烟光，水心云影，闲中观去，见乾坤最上文章。

——《菜根谭》

义理七则

主旨1：万物一体

qián chēng fù　kūn chēng mǔ　yú zī miǎo
1.1　乾称父，坤称母。予兹藐
yān　nǎi hùn rán zhōng chǔ　gù tiān dì zhī sāi　wú
焉，乃混然中处。故天地之塞，吾
qí tǐ　tiān dì zhī shuài　wú qí xìng　mín　wú
其体；天地之帅，吾其性。民，吾
tóng bāo　wù　wú yǔ yě
同胞；物，吾与也。①（[宋] 张载《正蒙·乾称》）

shì rén zhī xīn　zhǐ yú jiàn wén zhī xiá
1.2　世人之心，止于见闻之狭；
shèng rén jìn xìng　bù yǐ jiàn wén gù qí xīn　qí shì
圣人尽性，不以见闻梏其心。其视
tiān xià　wú yī wù fēi wǒ
天下，无一物非我。②（[宋] 张载《正蒙·大心》）

---

①天被称为父亲，地被称为母亲。我们这些渺小的人，居于混沌的天地之中。所以天地之间充塞之气，即是我的身体；天地的主宰，就是我的本性。人民，是我的同胞；万物，是我的同伴。

②世人的心灵，为见闻经验所局限。圣人则能穷尽自己的本性，自己的心灵不被耳目见闻所束缚。他们看待天下万物，没有一样是不属于大我的。

1.3 仁者以万物为体。不能一体，只是己私未忘。①（[明]王守仁《传习录》）

主旨2：感悟自然

2.1 眼将山共青，心与月俱白。②（[明]楚石《和寒山诗》）

2.2 鸟语虫声，总是传心之诀；花英草色，无非见道之文。③（[明]洪应明《菜根谭》）

2.3 林间松韵，石上泉声，静里听来，识天地自然鸣佩；草际烟光，水心云影，闲中观去，见乾坤

①仁者与万物为一体。不能与万物为一体，只因没有忘掉私欲。

②眼中视野与山同为青色，心中感觉与月一样洁白。

③鸟鸣虫叫的声音，显现着以心传心的奥秘。红花绿草，无不是表现大道的形态。

zuì shàng wén zhāng
最上文章。①（[明] 洪应明《菜根谭》）

huā jū pén nèi zhōng fá shēng jī niǎo rù lóng zhōng biàn jiǎn tiān qù bù ruò shān jiān huā niǎo cuò jí chéng wén áo xiáng zì ruò zì shì yōu rán huì xīn
2.4 花居盆内终乏生机，鸟入笼中便减天趣；不若山间花鸟错集成文，翱翔自若，自是悠然会心。②

（[明] 洪应明《菜根谭》）

延伸阅读

阅读下面的文章，回答问题：

郑板桥教子行善

郑板桥，名郑燮（xiè），字克柔，号板桥，人称板桥先生，是“扬州八怪”的主要代表，以“诗、书、画”三绝闻名于世。他不仅艺术作品受到世人的广泛喜爱和重视，而且还对中华民族的传统美德——善良，有着独

①树林间松树的风声，石头上泉水的响声，在宁静的环境里去听，领会到自然界的美妙音乐。野草上升腾的烟雾，闪烁的光辉，水潭中映现的云影，在悠闲的时候去看，就可以看到天地间最上等的色彩花纹。文章：交错的色彩花纹。

②花栽种在花盆里就丧失了生机；鸟关在笼子里就减少了天然的情趣。不如让山里的鲜花和鸟自然交错，成为美丽的图景，鸟在天空中自由地飞翔，人就会悠然自得地领会到自然的情趣。

到的见解，下面我们就看看他是怎样教子行善的。

郑板桥五十二岁才生有一个儿子，但他从不溺爱，他主张对孩子要“爱之必以其道”，也就是说爱孩子要讲究方法，不能盲目溺爱。他教育孩子要从小热爱大自然，让孩子整个身心融入大自然，在大自然的熏陶中充分感受她的美，培养孩子善待万物的良好心态。为了让孩子更好地接触大自然，在孩子断奶后不久，郑板桥就主动把他送回农村居住，安顿在扬州老家，让他接受管束调教，以期让孩子与大自然融为一体。

在与小动物的相处中，郑板桥主张以童心塑童心。孩子爱与小动物玩耍，是童心童趣最真切的表现，所以，他抓住这一时刻，在孩子跟小动物玩耍时，及时对孩子进行引导，告诉他要善待小动物，不能为了图自己的一时之乐，而对小蜻蜓、螃蟹、小鸟等进行束缚捆绑，这样只能导致小动物被虐待而死。人应该与小动物和谐共处，同乐同存，以此来塑造善良的童心。

不仅如此，郑板桥还教育孩子要从小善待弱势群体，比如对那些贫家子弟以及寡妇之子，他要求孩子都要一视同仁，对他们倾注自己的一片爱心。好吃的东西要主动和大家一起分享，对缺少笔墨纸砚的贫苦学生，应该考虑到他们的自尊心，对他们进行暗中帮助，而不是居高临下，让人难堪。

请结合身边的现象，谈谈郑板桥教子行善给我们的启示。

理论指导

仁者与天地万物为一体

《道德经》中说“道生一，一生二，二生三，三生万物”，就是说宇宙为道所生，宇宙内的一切也为道所生，这样说来，我们即与一切同体。我们自己的生命精神同万物的生命精神交融在一起，互相贯通，就达到了“仁者与天地万物为一体”的境界。

可是，如此广大的境界，我们怎样理解呢？不妨从“个人的德行与天下太平的关系”这个基础的方面谈起。

天下兴亡，匹夫有责。这个“责”字，通常作责任解。可是，如果从根本上来说，应该是“天下兴亡，匹夫有份”。也就是说，天下的大势，是由我们共同造就的，我们每一个人的德行都是天下兴亡的决定力。如果我们奉行道德，便是将世界向积极的方向牵引，反之，便是将世界向消极的方向推动，这个责任难道不大吗？所以，我们就会发现，如果一个人心生阴暗，整个世界便坏了一分；如果一个人心生光明，整个世界便好了一分。因此，我们当然不能随意杀生毁物。

很难想象一个任意伤害物命的人会对他人很仁慈，我们要克服自己在自然面前的傲慢自大和人类中心主义，使敬畏自然成为以科学态度善待自然环境的前提。

热身阅读

阅读下面的文章，回答问题：

板桥家书

余五十二岁始得一子，岂有不爱之理！然爱之必以其道，虽嬉戏玩耍，务令忠厚悱恻，毋为刻急也。平生最不喜笼中养鸟，我图娱悦，彼在囚牢，何情何理，而必屈物之性以适吾性乎！至于发系蜻蜓，线缚螃蟹，为小儿顽具，不过一时片刻便折拉而死。夫天地生物，化育劬劳，一蚁一虫，皆本阴阳五行之气絪缊而出。上帝亦心心爱念。而万物之性人为贵，吾辈竟不能体天之心以为心，万物将何所托命乎？

蛇蚖（wán）、蜈蚣、豺狼、虎豹，虫之最毒者也，然天既生之，我何得而杀之？若必欲杀尽，天地又何必生？亦惟驱之使远，避之使不相害而已。蜘蛛结网，于人何罪，或谓其夜间咒月，令人墙倾壁倒，遂击杀无遗。此等说话，出于何经何典，而遂以此残物之命，可乎哉？可乎哉？

我不在家，儿子便是你管束。要须长其忠厚之情，驱其残忍之性，不得以为犹子而姑纵惜也。家人儿女，总是天地间一般人，当一般爱惜，不可使吾儿凌虐他。凡鱼飧果饼，宜均分散给，大家欢喜跳跃。若吾儿坐食好物，令家人子远立而望，不得一沾唇齿；其父母见而怜之，无可如何，呼之使去，岂非割心剜肉乎！夫读书中举中进士作官，此是小事。第一要明理作个好人。可将此书读与郭嫂、饶嫂听，使二妇人知爱子之道在此不在彼也。

（郑燮《潍县署中与舍弟墨第二书》）

你从郑板桥的家书中得到了哪些启示？这有什么现实意义？

思考讨论

1.阅读材料，回答问题：

2008年北京奥运会开幕式上，点火仪式是“夸父追日，李宁点火”：高举火炬的李宁腾空而起，在“鸟巢”体育场上空的“空中跑道”上奔跑起来。与此同时，一幅中国式画卷沿“空中跑道”徐徐展开，“祥云”背景的画卷上呈现出奥运圣火在各地传递的动态影像。画卷完全展开之时，高高的火炬塔出现了，这时，体操王子李宁点燃了巨型“祥云”主火炬塔下的“灯芯”。（根据“新华网”资料整理）

你知道奥运“圣火”象征什么吗？2008年北京奥运会开幕式上的点火仪式是怎样体现“天人合一”思想的？现代人应当如何理解“天人合一”？

2.请谈谈你对张载的“民胞物与”思想及其现代意义的认识。

3.阅读材料，回答问题：

在某自然保护区，一只小豹正在丛林间跳上跳下地嬉戏，突然，脚下一痛，纤细的脚爪被偷猎者设下的钢刺爪套套中了。只见远处的草丛间，偷猎者举起猎枪，瞄准了可怜的小豹。为了逃生，小豹咬断了那只被套中的爪子，一瘸一拐地逃跑了。在疼痛中，小豹慌不择路，摔下了山崖，所幸挂在了半山腰的小树上，才得以保存一条性命，可遗憾的是它已经失去了野生能力。

请结合本课所学内容，谈谈你对上面这则材料的看法。

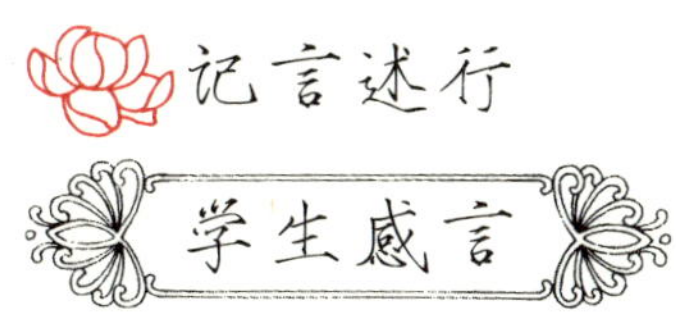
记言述行
学生感言

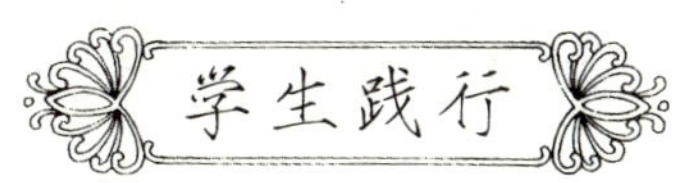
学生践行

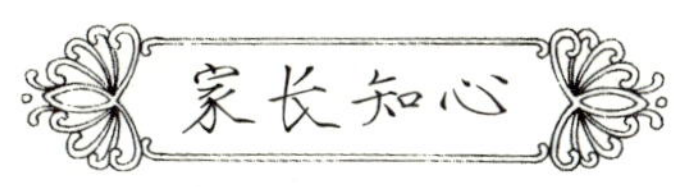
家长知心

老师谈心

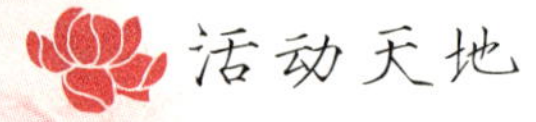

“我的植物我做主”

活动目标：

人与自然万物平等，都以天地为父母，相互依存，相互扶助，共同生存。此次活动旨在通过培育和观赏植物，让同学们体会“仁者与天地万物为一体”的境界。

活动过程：

请同学们在家中或花园中种植一种自己喜欢的植物，仔细观赏并记录它的生长过程。在培育时要充满爱念，视花草为鲜活的生命。在观赏时要排除杂念，心如明镜，感知花草的生命同自己的生命一样，共同成长。

活动总结：

请同学们用记日记、写作文、拍照片或画图片等方式总结自己在活动过程中的心情和感想，与其他同学和朋友互相交流心得。

第八课　天道人道

吾与日月参光，吾与天地为常。

——《庄子·在宥》

义理八则

主旨1：天道人道

gǔ zhě bāo xī shì zhī wàng tiān xià yě yǎng
1.1 古者包牺氏之王天下也，仰
zé guān xiàng yú tiān fǔ zé guān fǎ yú dì guān niǎo
则观象于天，俯则观法于地，观鸟
shòu zhī wén yǔ dì zhī yí jìn qǔ zhū shēn yuǎn qǔ
兽之文与地之宜，近取诸身，远取
zhū wù yú shì shǐ zuò bā guà yǐ tōng shén míng zhī
诸物，于是始作八卦，以通神明之
dé yǐ lèi wàn wù zhī qíng
德，以类万物之情。①（《周易·系辞下》）

xī zhě shèng rén zhī zuò yì yě jiāng
1.2 昔者圣人之作《易》也，将
yǐ shùn xìng mìng zhī lǐ shì yǐ lì tiān zhī dào yuē yīn
以顺性命之理，是以立天之道曰阴
yǔ yáng lì dì zhī dào yuē róu yǔ gāng lì rén zhī
与阳，立地之道曰柔与刚，立人之

①古时候，包牺氏作为天下的君王，仰头观察天象，低头观察地理，观看鸟兽的斑纹和大地的脉理，近处取自于自身，远处取自于万物，于是开始创作八卦，用来领会神明的道德，表达万物的情状。类：象征。

道曰仁与义。[①]（《周易·说卦》）

主旨2：人与天的关系

2.1　天道无亲，常与善人。[②]（《老子》第七十九章）

2.2　吾与日月参光，吾与天地为常。[③]（《庄子·在宥》）

2.3　天行有常，不为尧存，不为桀亡。应之以治则吉，应之以乱则凶。强本而节用，则天不能贫；养备而动时，则天不能病；循道而不贰，则天不能祸……天有其时，

①从前圣人创作《易》，用它来顺从性命之理，因此确立天道为阴与阳，地道为柔与刚，人道为仁与义。

②天道对万物都一视同仁，但总是扶助着善良的人们。

③我与日月争辉，与天地相伴。

dì yǒu qí cái rén yǒu qí zhì fú shì zhī wèi néng
地有其财，人有其治，夫是之谓能

cān
参。[①]（《荀子·天论》）

hé wèi běn yuē tiān dì rén wàn
2.4 何谓本？曰：天地人，万

wù zhī běn yě tiān shēng zhī dì yǎng zhī rén chéng
物之本也。天生之，地养之，人成

zhī tiān shēng zhī yǐ xiào tì dì yǎng zhī yǐ yī
之。天生之以孝悌，地养之以衣

shí rén chéng zhī yǐ lǐ yuè sān zhě xiāng wéi shǒu
食，人成之以礼乐，三者相为手

zú hé yǐ chéng tǐ bù kě yī wú yě
足，合以成体，不可一无也。[②]（[汉]董仲舒《春秋繁露·立元神》）

---

①天道运行有一定的规律，不因尧（的圣明）而存在，也不因桀（的荒淫）而消亡。用治理来对待天道就会吉利，用扰乱来对待天道就有凶险。注重农业生产而且节省费用，天就不能使他贫困；调养得当而且活动适时，天就不能使他困窘；遵循天道而不违背，天就不能使他遭受灾难……天有时令，地有财富，人能够治理，这就叫做人能够与天地相配合。贰：不按规矩。参：配合参验。

②什么是根本？回答说：天、地、人，是万物的根本。天生育了人，地养育了人，人成就了自己。天赋予了人孝悌的品质，地提供给人衣食，人用礼乐成就了自己，这三者相互依存，合成一体，缺一不可。

主旨3：人心与天道

3.1 盖天地万物本吾一体，吾之心正，则天地之心亦正矣。[①]（[宋]朱熹《中庸章句》）

gài tiān dì wàn wù běn wú yī tǐ, wú zhī xīn zhèng, zé tiān dì zhī xīn yì zhèng yǐ.

3.2 人者，天地万物之心也；心者，天地万物之主也。[②]（[明]王守仁《王文成公全书·答季明德》）

rén zhě, tiān dì wàn wù zhī xīn yě; xīn zhě, tiān dì wàn wù zhī zhǔ yě.

延伸阅读

阅读下面的文章，回答问题：

伏羲始创八卦图

传说，远古的时候，中华民族的人文始祖，也就是女娲的哥哥伏羲到处教人制造农具，开荒种植。一次，伏羲到了洛阳孟津，传授给当地人耕种之术，不久便又离开了。

孟津这里有一条河，当地人称之为图河。在伏羲走后不久，河里出现了一只妖怪，它似龙似马，却又非龙非马，满身鬃毛卷成无数个漩涡，当地人见了，非常惊异，称之为“龙马”。相传，龙马是水中蛟龙所变，凶

①天地万物与我本来是浑然一体的，我的心端正了，天地之心也就端正了。

②人是天地万物的心灵，心灵即为天地万物的主宰。

猛残暴，落地生河，所到之处，洪水横流。龙马不仅兴风作浪，还到处吞食人畜，令当地百姓苦不堪言。正当人们绝望的时候，伏羲乘坐六龙，身披胡叶，飘然而至。听到人们悲惨的哭喊声，看见被毁的田地和房屋，伏羲非常痛心，决心制服龙马。于是，伏羲来到了图河边，准备赤手空拳与龙马搏斗。谁知，那凶残的龙马见了伏羲，却立即收起了平日里凶神恶煞的嘴脸，变得温顺起来，驯服地依偎在伏羲的脚下。伏羲见龙马归顺，便把它养在高地上，周围围上篱笆。无意中，伏羲发现龙马身上鬃毛的螺旋十分奇特，不知其中暗藏着什么玄机。为了找出龙马身上的奥秘，他专门筑了一个高台，把龙马牵上去细心观察。足足坐了八八六十四天，伏羲苦思冥想、目不转睛，时而手舞足蹈，时而抓耳挠腮，终于从龙马的鬃毛中悟出了八卦图，人称伏羲八卦。所谓“八卦”，就是乾、坎、艮、震、巽、离、坤、兑。这八卦互相搭配，可变化为六十四卦，象征伏羲研究八卦的天数。此后，人们就用伏羲仰观象于天、俯察法于地所得出来的这套阴阳八卦来解释天地万物的演化规律和人伦秩序。

在伏羲的感召下，龙马不仅痛改前非，不再伤害百姓，而且发挥自己谙习水性的特长，替人们疏通河道，消灭为害人类的狼虫虎豹。后来，人们为了纪念伏羲和龙马，就在当年伏羲降伏龙马的图河故道上修建了一座负图寺，并高竖两座大碑，分别刻上“图河故道”和“龙马负图”的字样。人们把当年伏羲拴龙马的地方称为马庄，研究八卦的高台称为八卦台，先后圈养龙马的那两个地方，则叫做前圈和后圈。

八卦的发明受到什么启发？它蕴含什么精神？为什么说伏羲是中华民族的人文始祖？

理论指导

天人合一

天地人的关系，是宇宙人生的本源问题。天有天之道，地有地之道，人亦有人之道。天之道生万物，地之道养万物，人之道成万物。

天地人三者并列，不分主次。人不是大自然的奴隶，也不是大自然的主宰，而是大自然运行变化过程中的一个成员。在天地人这个统一体里，人与自然相互协调，相互供养，和平共处。因此，包括人在内，天地万物都是和谐统一的，无所谓征服与被征服。

孔子认为，天是不断创造生命的自然界，具有神圣性，人应该对上天心怀感恩和敬畏。在孔子的影响下，中国人有一种强烈的生态意识，认为人与天地万物都属于一个大生命世界，本是一体的。人不仅亲亲，还要爱天地万物。在古代，“天人合一”的思想包含三个层次的意义：一是顺应自然，二是师法自然，三是神权天授思想。

今天，天人合一的境界就是要求人类克制物欲，自觉地履行道德原则，达到孔子所说的“从心所欲，不逾矩”，从而做到尊重自然的存在，维护生态平衡，实现人与自然的和谐，这也就是我们所说的可持续发展。这既是一种对天道的感悟，也是一种理想境界，是“天人合一”中最具现代意义的因素。

热身阅读

阅读下面的文章，回答问题：

盘古开天辟地

传说，世间万物还没有诞生的时候，天和地是合在一起的，就像个鸡蛋一样，混沌一片。有个名叫盘古的巨人，已经在这“鸡蛋”之中沉睡了十万八千年。

终于有一天，盘古睡醒了。他伸了个懒腰，睁开眼，不满眼前的一片漆黑，于是就抡起手中的大斧头，朝周围的黑暗猛劈过去。“轰”的一声，“鸡蛋”被分开了。在这片混沌中，轻而清的东西，缓缓上升，变成了天；重而浊的东西，慢慢下沉，变成了地。

天地虽然被分开了，但盘古仍然担心它们还会合在一起，就头顶着天，脚踩着地，把天地撑起来，一刻也不敢松手。这样，天每天升高一丈，地每天下沉一丈，盘古也随之越长越高。不知过了多少年，天和地逐渐稳定了，盘古也累得精疲力尽，没有力气再支撑下去了。终于，像一座崩塌的山一样，盘古倒下了。

就在倒下去的那一瞬间，盘古的身体发生了神奇的巨变。他呼出的气息，变成了四季的风和飘动的云；他发出的声音，化作了隆隆的雷声；他的双眼分别变成了太阳和月亮；他的四肢，变成了东、西、南、北四极；他的肌肤，变成了辽阔的大地；他的血液，变成了奔流不息的江河；他的头发和汗毛，变成了茂盛的花草树木；他的汗水，变成了滋润万物的雨露……

盘古把自己的全部奉献出来，创造了一个美丽无比的世界。

盘古不仅开创了天地，还把自己的一切都献给了天地。请你根据这个神话传说谈谈自己对天、地、人关系的理解。

思考讨论

1.阅读材料，回答问题：

《周易》中说："包牺氏……仰则观象于天，俯则观法于地，观鸟兽之文与地之宜，近取诸身，远取诸物，于是始作八卦，以通神明之德，以类万物之情。"同学们，你们知道什么是"八卦"吗？我们从小看的《西游记》电视剧以及神话题材的动画片里，都可以找到它的影子。八卦不是迷信的产物，是我国古代劳动人民智慧的结晶。不仅我们中国人，连外国的科学家也研究它。德国的大数学家莱布尼兹根据八卦发明了二进位记数法和先进的计算机。"二进位记数法"在现代生物和电子学中得到了广泛应用。"八卦"中的奥秘还在不断地被研究和发掘，其中还有很多的未解之谜等待着人们去探索和解答。

为什么说"八卦"是天人合一的产物？

2.有人说："一个人的力量对整个地球来说简直是微乎其微，何必倡导什么环保低碳呢？"你怎样看待这种说法？

3.阅读材料，回答问题：

我四十六亿岁了，在宇宙中还是个年轻的孩子，可是现在我已经未老先衰，或许我病了。我周身开始发烧，并且温度越来越高，我已无法提供足够的营养来养活你们。你们用石油污染了的海水，那是我的血液；你们无节制地砍伐的树木，那是我的头发。汽车尾气、火炉冒出的烟让我都没有办法呼吸了。地震、海啸是我打的喷嚏，也是对你们的严重警告……救救我吧，救了我就等于救了你们自己。求求你们别再破坏环境了，让我回到昔日的美丽中去。我的美好未来靠你们去创造，我的身体是你们永远的家，请保护它！

①材料中的“我”指的是谁？请你为这段材料拟一个标题。

②造成“我”身体健康出现问题的原因主要有哪些？

③请你为拯救“我”提出一些建议。

④让我们做一番有趣的猜想：如果人类突然从地球上消失，地球将会发生怎样的变化？

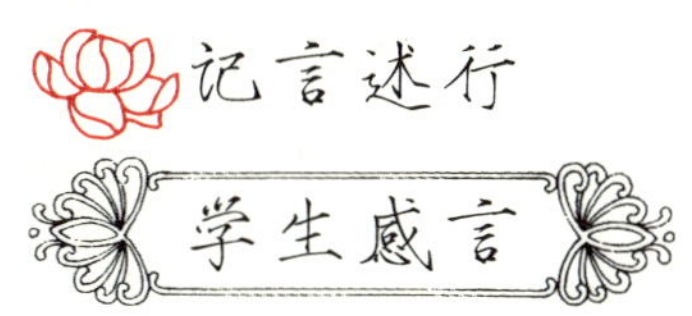

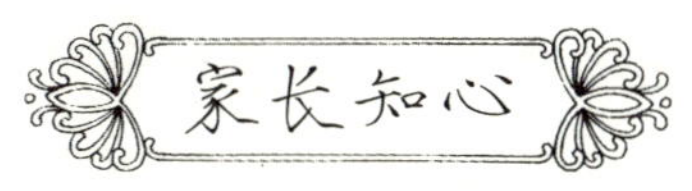

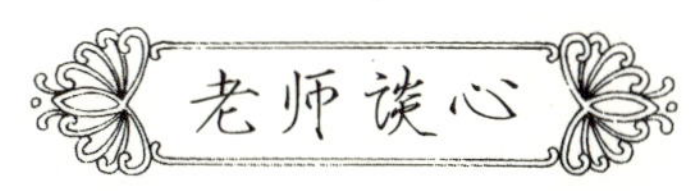

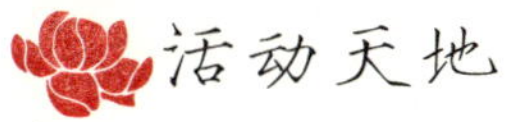

“感恩自然”主题演讲

活动目标:

人们出于强烈的功利心,将自然万物作为征服利用的对象,导致自然环境遭到严重破坏。此次活动旨在培养学生对自然万物的感恩之心，对大自然心存敬畏。

活动过程：

全班分为几个小组，每组选出一位同学参加“感恩自然”主题演讲比赛，其他同学各有分工，包括搜集材料、撰写演讲稿、修改稿件等。

准备工作做好之后，请各位选手在班上发表演讲。

活动总结：

班委和各组组长对参赛者的演讲进行评价，分出名次，前三名给予一定的奖励。最后由教师对同学们的演讲进行总结。

第九课　生态伦理

故贵以身为天下，若可寄天下；爱以身为天下，若可托天下。

——《老子》第十三章

经典选诵

义理九则

主旨1：以爱心面对万物

jūn zǐ zhī yú qín shòu yě jiàn qí shēng bù rěn jiàn
1 君子之于禽兽也，见其生，不忍见
qí sǐ wén qí shēng bù rěn shí qí ròu
其死；闻其声，不忍食其肉。①（《孟子·梁惠王上》）

主旨2：以正道对待万物

gù guì yǐ shēn wéi tiān xià ruò kě jì tiān
2.1 故贵以身为天下，若可寄天
xià ài yǐ shēn wéi tiān xià ruò kě tuō tiān xià
下；爱以身为天下，若可托天下。②

（《老子》第十三章）

tiān wú sī fù dì wú sī zài rì yuè
2.2 天无私覆，地无私载，日月
wú sī zhào fèng sī sān zhě yǐ láo tiān xià cǐ zhī
无私照。奉斯三者以劳天下，此之

---

①君子对于家禽野兽，看见它活着，就不忍心看见它死去；听见它的声音，就不忍心吃它的肉。

②所以能够以珍重自身生命的态度去珍重天下人生命的人，才可以把天下委托给他；以爱惜自身生命的态度去爱惜天下人生命的人，才可以把天下托付给他。

wèi sān wú sī
谓“三无私”。①（《礼记·孔子闲居》）

yǐ dào guān zhī wù wú guì jiàn
2.3 以道观之，物无贵贱。②（《庄子·秋水》）

主旨3：节制欲望

xiàn sù bào pǔ shǎo sī guǎ yù
3.1 见素抱朴，少私寡欲。③（《老子》第十九章）

huò mò dà yú bù zhī zú jiù mò dà yú yù dé
3.2 祸莫大于不知足，咎莫大于欲得。④（《老子》第四十六章）

tiān dì jié ér sì shí chéng jié yǐ zhì dù bù shāng cái bù hài mín
3.3 天地节而四时成，节以制度，不伤财，不害民。⑤（《周易·节·彖》）

主旨4：人与自然和谐

dà yuè yǔ tiān dì tóng hé dà lǐ yǔ tiān
4.1 大乐与天地同和，大礼与天

①苍天覆盖万物，不偏私；大地载负万物，不偏私；日月普照万物，不偏私。奉行这三种精神来为天下辛劳，这就叫做“三无私”。
②从大道的立场上来看，万物无贵贱之分。
③表现单纯，存心淳朴，减少私心和欲望。
④祸患，没有比不知足更大的；灾难，没有比贪得无厌更大的。
⑤天地有节制，四季才形成，节制确立了限度，不伤害财物，不伤害民众。

dì tóng jié hé gù bǎi wù bù shī jié gù
地同节。和，故百物不失；节，故

sì tiān jì dì
祀天祭地。[①]（《礼记·乐记》）

yuè zhě tiān dì zhī hé yě lǐ zhě
4.2 乐者，天地之和也。礼者，

tiān dì zhī xù yě hé gù bǎi wù jiē huà
天地之序也。和，故百物皆化。

xù gù qún wù jiē bié
序，故群物皆别。[②]（《礼记·乐记》）

延伸阅读

阅读下面的文章，回答问题：

里革劝宣公

鲁宣公是春秋时期鲁国的君主。有一年夏天，鲁宣公带领随从来到潭边，撒下渔网，准备捕鱼。渔网刚布好，大夫里革从潭边路过，见状，立即上前把鲁宣公渔网的纲绳剪断，并把网拉上来扔掉了。鲁宣公十分吃惊，一时感到莫名其妙，就问里革为何这样做。

---

①恢弘的音乐，与天地一样和谐；盛大的礼仪，与天地一样有节制。和谐，所以万物不丧失；有节制，所以才祭祀天地。

②音乐表现了天地的和谐精神。礼仪表现了天地的秩序。和谐，所以万物都能变化。有秩序，所以万物都有分别。

里革说："古时候，大寒以后，冬眠的动物开始萌动，有经验的渔师就开始讲习如何使用渔网捕取大鱼、鳖、蜃（shèn）等动物。君王把最先捕得的鱼鳖陈列在宗庙里祭祀祖先，这种办法也在百姓中间施行，以帮助疏通阳气。这时候，鸟兽怀子，水中的动物成熟，掌管捕捉鸟兽的官员下令禁止用网捕捉鸟兽，而用鱼叉等刺取鱼鳖，将它们做成鱼干，以备夏天食用。这样，保存鸟兽的幼子，就可以促使它们生长。到夏天，鸟兽长成，水中动物开始孕育，渔师在这时下令禁止使用小渔网捕鱼，而是设陷阱，在陷阱中装设捕兽的装置，捕取禽兽来充实宗庙中的祭品和厨房里的食物，从而使鱼鳖生长，积蓄物力，补足财用。不砍伐山上树木所生的新芽，不割取沼泽里未长成材的草木，禁止捕捞有卵的鱼和小鱼，要保证那些幼鹿麋子等小兽长大，要使那些鸟卵孵出的小鸟长成，要留下卵和未生翅的幼虫……以使各种动植物生息繁衍，这是古人的遗训。而现在鱼正在孕育幼子，您却用网捕捞，不是太贪婪了吗？"

听了里革的话，鲁宣公感到十分惭愧，他欣然接受了里革的劝谏，并感慨地说："我有过错，而里革纠正我，不也很好吗？这是一张好网啊！它使我懂得了令鱼虫鸟兽等得以繁衍的方法。我要把它收藏起来，不忘里革的告诫！"

里革为什么剪断鲁宣公渔网的纲绳？他是怎样说服鲁宣公的？你从中得到了哪些启示？

理论指导

莫为子孙后代留祸殃

当今环境恶化的范围和速度远远超出了科学家的预计，大范围的干旱和洪涝越来越严重，全人类都因此面临着巨大的生存危机。

那么，全球范围内的危机是怎样形成的呢？难道不是我们肆意破坏自然、掠夺自然的结果吗？

为了满足口腹之欲，就大肆破坏热带雨林，以种植供饲养日益所需的大豆；为了追求高额利润，就吝于环保的投入以及污水的净化，导致很多城市垃圾成山、污水成河；为了便利和美观，就大量采用难以降解的包装袋，甚至奢侈到每一个苹果、梨子都套上双层包装，造成很多城市被垃圾包围，同时也给环境造成了难以逆转的破坏……以往小桥流水、鸟语花香的乡村生活，我们现在还能在多少地方体验和享受到呢？

如果我们都能信守中国传统生态伦理思想所倡导的“反朴归真”、“知足常乐”的人生宗旨，“是道则进，非道则退”，就会与自然协调发展，人与自然的和谐景象可望重现。

热身阅读

阅读下面的文章，回答问题：

孔子和野鸡的故事

一天，孔子和弟子们走在山谷中，看见一群五色斑斓的野鸡飞过天空。孔子神色悠然，看着野鸡在空中飞翔了一阵，然后成群地落在了树上。孔子说："山上的母野鸡，得其时呀！得其时呀！"子路向它们拱拱手，野鸡叫了几声，飞走了。这是多么动人的人与动物和谐相处的景象啊！

读了这篇文章，你觉得是什么力量让万物和谐、大地生春？

思考讨论

1.读下面两首诗，结合本课所学内容，请你谈谈这两首诗表现了作者什么样的思想，并举例说明这种思想的现实意义。

谁道群生性命微，一般骨肉一般皮。
劝君莫打枝头鸟，子在巢中望母归。

——〔唐〕白居易《鸟》

道旁杨柳枝，青青不可攀。
回看攀折处，伤痕如泪潸。
古人爱生物，仁德至今传。

草木未摇落，斧斤不入山。

——李叔同题《护生画集》诗

2.日常生活中，垃圾分类回收、使用节水龙头等都是为了节约资源。请你开动脑筋，也提出一个能够节约资源的好办法，与大家分享。

3.小胡的爸爸心血来潮，忽然动起吃野味的念头，要去买麻雀。小胡听说了，不想让爸爸去，可是不知怎样说服爸爸。请你帮助一下小胡吧！

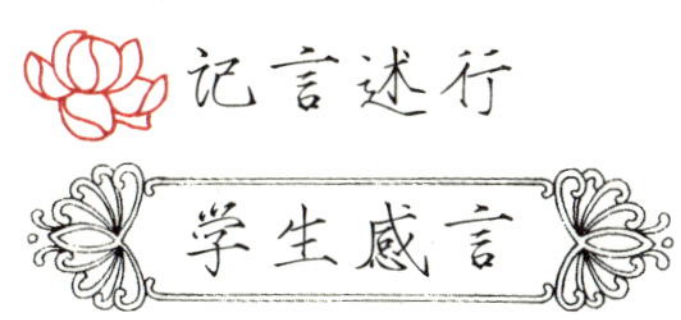
记言述行
学生感言

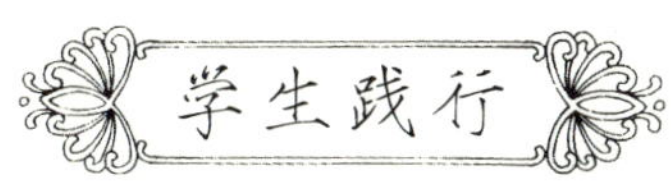
学生践行

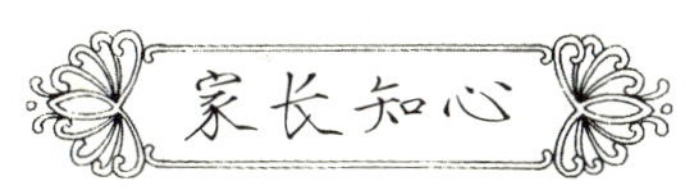
家长知心

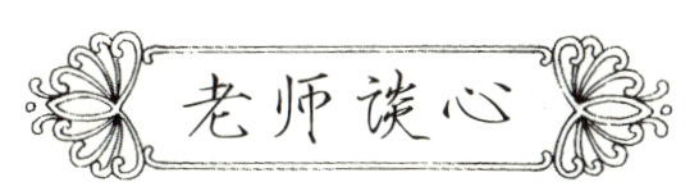
老师谈心

和

第十课　人与自然

万物莫不尊道而贵德，道之尊，德之贵，夫莫之命而常自然。

——《老子》第五十一章

经典选诵

义理十则

主旨1：辅佑自然

jié zé qǔ yú fēi bù dé yú míng nián
1.1 竭泽取鱼，非不得鱼，明年
wú yú fén lín ér tián fēi bù huò shòu míng nián
无鱼。焚林而畋，非不获兽，明年
wú shòu
无兽。① （[唐]吴兢《贞观政要·纳谏》）

dà rén zhě yǒu róng wù wú qù wù
1.2 大人者，有容物，无去物，
yǒu ài wù wú xùn wù tiān zhī dào rán tiān yǐ
有爱物，无徇物，天之道然。天以
zhí yǎng wàn wù dài tiān ér lǐ wù zhě qū chéng ér
直养万物。代天而理物者，曲成而
bù hài qí zhí sī jìn dào yǐ
不害其直，斯尽道矣。② （[宋]张载《正蒙·至当》）

---

①使湖塘干涸来捕鱼，不是捕不到鱼，而是第二年就没鱼可捕了。焚毁树林来打猎，不是得不到禽兽，而是第二年就没有禽兽可得了。畋：打猎。

②有道德的人，能够容纳万物而不抛弃万物，能够珍惜万物而不屈从世俗，天道也是这样。上天公正地抚育万物。代表上天来治理万物的人，以各种方法获得成功，不损害这种公正，这就是坚持正道了。徇：顺从。直：公正。

主旨2：顺应自然

wàn wù mò bù zūn dào ér guì dé, dào zhī zūn, dé zhī guì, fú mò zhī mìng ér cháng zì rán.

2.1　万物莫不尊道而贵德，道之尊，德之贵，夫莫之命而常自然。①

（《老子》第五十一章）

yǐ fǔ wàn wù zhī zì rán ér bù gǎn wéi.

2.2　以辅万物之自然而不敢为。②

（《老子》第六十四章）

shèng rén ān qí suǒ ān, bù ān qí suǒ bù ān; zhòng rén ān qí suǒ bù ān, bù ān qí suǒ ān.

2.3　圣人安其所安，不安其所不安；众人安其所不安，不安其所安。③（《庄子·列御寇》）

主旨3：效法自然

rén fǎ dì, dì fǎ tiān, tiān fǎ dào,

3.1　人法地，地法天，天法道，

---

①万物无不是尊崇“道”而且推崇“德”。“道”被尊崇，“德”被推崇，没有谁来命令万物，万物保持着自然状态。

②辅助万物的自然变化，不敢妄为。

③圣人安于自然状态，而不安于非自然状态；众人安于非自然状态，而不安于自然状态。

dào fǎ zì rán
道法自然。①（《老子》第二十五章）

shèng rén zhě, yuán tiān dì zhī měi ér dá wàn wù zhī lǐ. shì gù zhì rén wú wéi, dà shèng bù zuò, guān yú tiān dì zhī wèi yě.
3.2 圣人者，原天地之美而达万物之理。是故至人无为，大圣不作，观于天地之谓也。②（《庄子·知北游》）

yǐ tiān dài rén, bù yǐ rén rù tiān.
3.3 以天待人，不以人入天。③（《庄子·徐无鬼》）

主旨4：返朴归真

dà rén zhě, bù shī qí chì zǐ zhī xīn zhě yě.
4.1 大人者，不失其赤子之心者也。④（《孟子·离娄下》）

---

①人以大地为法则，大地以天为法则，天以道为法则，道以自然为法则。
②圣人推究天地之美，通达万物之理。所以，至德之人不妄为，大圣人不造作，这是取法天地所致。原：推究。
③以自然规律对待人事，不以人为的方式干预自然。
④有道德的人，是没有失掉那种天真纯洁赤子之心的人。

4.2 既雕既琢，复归于朴。[①]

jì diāo jì zhuó, fù guī yú pǔ

（《庄子·山木》）

延伸阅读

阅读下面的文章，回答问题：

抱瓮老人的故事

孔子的学生子贡从楚国返回晋国时经过汉水南边。

路上，他看到一位老人正抱着一个大水瓮从井里汲水，给菜园里的蔬菜浇水。

子贡感到很奇怪，这位老人对先进的工具弃而不用，却用水罐这种落后的工具，劳累而且效率低。

于是，子贡走上前去，说："老人家，有一种机械，一天可以浇很多地，用力不多功效又大，您不想用它吗？"

老人抬起头，问道："你让我怎么做？"

子贡说："将木头加工成一种机械，后面重，前面轻，用它来提水，就像抽水一样，水流动得像开水一样翻滚。这种机械叫做槔（gāo）。"

老人听了，露出不高兴的神色，讥笑道："我听师父说过，如果有机

---

①又雕刻又琢磨，再回归到没有加工前的状态。

巧一类的机械，就会有机巧之事；有机巧之事，就会有机心；机心存于胸中，纯净的本性就会丧失；纯净的本性丧失了，心灵就不会安宁；心灵不安宁，就不能体证大道。我不是不知道您所说的那种机械，而是感到可耻，所以不去用它。”

你怎样理解抱瓮老人所说的话？请你谈谈如何让科技发展与环境保护不相矛盾，并想象一下科学技术非理性应用的后果。

理论指导

天地不可欺

在古人的观念中，敬畏天地，是一种很神圣的理念。因此，工业革命以前，我们并没有在太大的程度上使自然环境遭受破坏。可是，由于失去了对大自然的敬畏之心，现在一些人乱砍滥伐，竭泽而渔，肆意污染，荼毒生灵，环境迅速恶化：夏天越来越热，部分地区的人不得不依靠空调生活；冬天越来越冷，我国部分地区甚至开始出现异常严寒的状况。越来越频繁、猛烈的灾害，无一不昭示着大自然的威严。

事实上，我们高估了大自然的承受能力。我们想通过对大自然的无限索取获得幸福，可是，如果这种索取超过了大自然所能承受的限度，我们将因此面临不可预料的灾难。我们以为掌握了科技，就可以战胜自然，不再靠天吃饭。但是当大面积干旱突袭西南的时候，我们怎么可能避免大面积的损失呢？

时至今日，尽管科技发达，我们仍然要靠天吃饭。虽然我们有了先进的抽水设备可以抗旱，可是华北平原大面积的沉降，已经向我们昭示了大量抽取地下水的严重后果；虽然我们有了先进的排涝设备，可是仍然无法避免城市的大面积快速积水，也不可能从洪水的魔爪下抢回被淹没的田地所应有的收成。

在传统的思想中，虽然我们的心量可以超越天地，可是我们的所作所为却不能蔑视大自然。这是因为，我们的心量是自由的，可以像宇宙一样无限广大，但我们不能侵犯别人的尊严，哪怕是一只蚂蚁，当然也包括大自然的尊严。

因此，让我们重拾对大自然的敬畏吧！唯有心量的广大和行为的严谨，才可能有幸福的生活。

热身阅读

阅读下面的文章，回答问题：

让世界沉默五分钟

大家好，我是铃木·瑟玟。今天我很荣幸来到这里，代表儿童环保团体来表述大家的心声。我们是一个由十二岁到十三岁的孩子们组成的加拿大儿童团体，为了改变世界的现状一直努力着，奉献自己一份微薄的力量。我们自筹旅费，从加拿大来到巴西，经历了一万公里的旅程，没有任何动机，只为了告诉各位大人们，必须改变你们现在的生活方式。今天我来这里没有什么隐秘，我们是为了自己的未来而奋斗，因为失去了未来，那比选举落败和股票惨跌严重得多。

我在此要说的内容，是为了所有活在未来的孩子们，也为了世界上那些饱受饥饿之苦却无人关心的孩子们，以及无路可走而死亡殆尽的无数小动物们。现在，我很害怕站在太阳底下，因为臭氧层有破洞；就连呼吸都会感到害怕，因为空气中可能会有毒气。以前，我经常跟爸爸去温哥华钓鱼，直到几年前，发现得了癌症的鱼后为止。而现在，我们几乎每天都会听到有关动植物绝种的消息。这个消息令人悲哀，因为可怜的它们永远不会再活过来了。

我心中有个梦想，希望有一天能够看到一片丛林，里面有各种野生动物和许多自由自在飞舞的鸟儿、蝴蝶。可是，此刻我甚至怀疑我们的下一代是否还有机会看到这样的景象。你们在我这个年纪时，是否也和我们一样，曾经担心过这样的问题呢？这么严峻的现实，我们人类却仍然以漠不关心的态度来面对，就好像我们还有足够的时间和解决办法。我只是个小孩，坦白说，不知道该如何挽救这个危机。可是，我希望你们大人能够明白，即使是你们也无法解决！

你们不知道该如何把臭氧层的破洞填补上。

你们不知道该如何让鲑鱼重回干涸的河川。

你们不知道该如何才能让绝种的动物复活。

现在已经变成沙漠的地方，你们也不知道该如何再造成森林。

如果你们不知道应该如何解决环境问题，那么求你们，请别再继续破坏下去！

在座当中除了政府、企业和团体人士的代表，也许还有媒体人士和政治家。我知道，你们也是别人的母亲、父亲、姐妹、兄弟、叔叔伯伯、阿姨婶婶，而你们每个人同样也都为人子女。我还是个孩子，但我知道在场的每个人，都是同一个大家庭的一员。我们拥有的不只是五十亿以上人口的大家庭，更是由三千万种生物所构成的大家庭。无论国境与各国政府如何将我们进行人为的分隔，这一点仍然不会改变。虽然我是个孩子，但是我知道，身为这个大家庭的一员，就必须为同一个目标团结行动。我很愤怒，却没有迷失自己。我很害怕，可是，我依旧要把自己的感受传达给全世界的人，所以我现在不害怕。在我的国家，我们浪费了许多东西。这样肆意浪费物资的北方国家，根本无法将资源分享给贫困的国家。即使物资充裕，我们却不愿意施舍，甚至像守财奴一样，害怕失去自己手中的资产。在加拿大的我们，享有充足的饮食与居家生活。时钟、脚踏车、电脑、电视……要数遍我们所拥有的东西，大概要花上好几天吧！

两天前，我在巴西这里遇到一群无家可归的流浪儿。我们很惊讶，因为其中有个孩子跟我们说："我真想变成有钱人。如果我有钱的话，我要给所有无家可归的孩子们食物、衣服、药品、房子，以及爱与温暖。"一个失去一切的流浪儿，都会想到互相分享，那么拥有一切的我们，又为什么要这么贪婪、自私？那些不幸的孩子们，年纪都和我相仿，他们悲苦的表情，让我久久无法忘怀。我们出生在不同的国家、不同的地方，有着如此不同的人生。我可能也会是住在里约贫民窟的孩子之一，或是索马里的饥饿儿童，甚至中东战争中的牺牲者，或者印度的一名乞讨者。我虽然还是个小孩子，但心里却很清楚，如果把花在战争上的钱，全部用来解决这些需要解决的贫穷与环境问题，地球将会变得多么温暖、多么美好！

在学校甚至是在幼儿园，你们就开始不断地告诉我们，该如何在这世界上遵守规范。比如说：不要互相争执，要以沟通的方式共同解决问题，尊重他人，弄乱的东西要自己整理，不要随便伤害其他生物，要学会相互分享，不能贪得无厌。那么，你们又为什么做出这些不让我们去做的事呢？请不要忘记，你们为什么要来参加这场会议，是为了谁而这么做的。我们是你们的孩子，是你们在决定我们要在什么样的世界里成长。父母在安慰孩子的时候会说“一切都会好的”、“我们正在尽力”和“这不是世界末日”。但是我想你们再也说不出这些话了。你们真的还把我们放在头等重要的位置吗？我爸爸总是说：“你所做的才代表了你，而不是你所说的。”你们所做的事情，让我在夜晚伤心地哭泣。你们大人总是说你们爱我们，但是现在我不再相信你们了。请你们言行一致，好吗？

谢谢！

——这就是铃木·瑟玟(Severn Suzuki)，一个年仅十二岁的小姑娘在1992年联合国峰会上的著名演讲《世界因你而改变》。在这五分钟的时间里，她对全世界环境部长进行了发自内心的陈说。在她稍显稚嫩的声音里，整个会场渐渐安静下来，听众席上身份显赫的各国各界重要人士，都在这个小姑娘的拷问声中陷入深思，世界也因此而沉默。

铃木·瑟玟的演讲告诉我们应该如何对待我们所赖以生存的地球呢？

思考讨论

1.谈谈你对低碳生活的认识。落实低碳生活应该依靠科技创新还是观念革新？

2.阅读材料，回答问题：

2010年6月，云南省马龙县遭特大暴雨袭击，穿城而过的横山河全线漫坝，上游水库也向外溢水1.5米，导致马龙县城被淹。县中人说，县城从来没有被淹过，而这次大雨前20天，横山河下游某地产小区开始在河边填土施工，原本18米宽的河道被挤占成5米。(根据《生活新报》新闻整理)

请你分析河道填土与县城被淹的因果关系，并举例说明人与自然应该如何相处。

3.阅读材料，谈谈你对它们的看法，并请你设计一条以环保和可持续发展为主题的公益广告。

观点一：只有等到最后一株树被砍掉了、最后一条河流被污染了、最后一尾鱼被捕食了，人们才会发现金钱并不能充饥。

观点二：地球能满足人类的需要，但满足不了人类的贪欲。天堂和地狱大门的钥匙就捏在人类自己的手中，保护环境，地球就是人类的天堂；破坏环境，地球就是人类的地狱。我们要生存，我们的子孙后代更要生存。

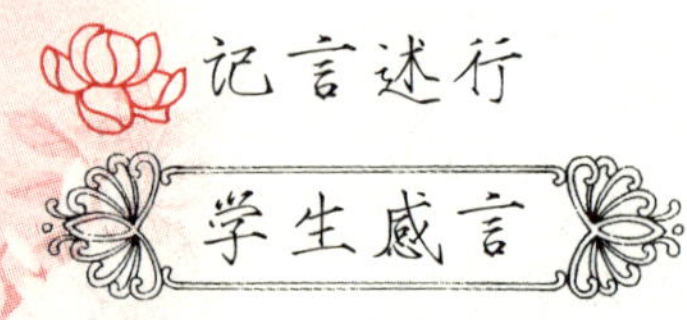

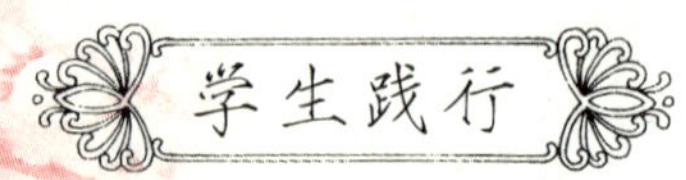

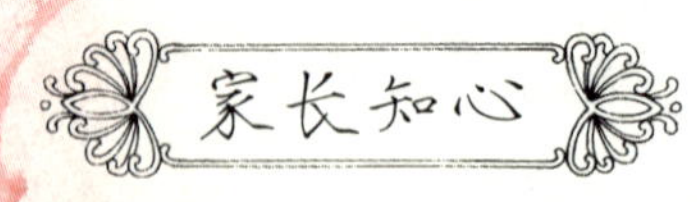

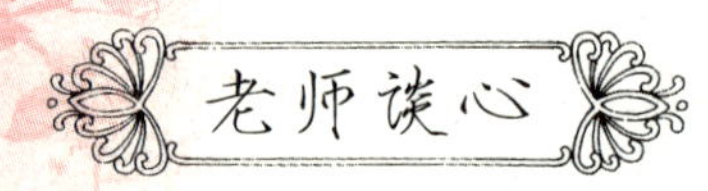

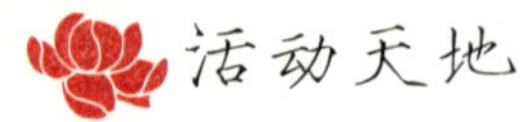

低碳环保行动

活动目标：

此次活动旨在帮助学生树立环保意识，实践环保行动，让学生将低碳环

保理念落实到行动中，从自己做起，从当下做起，从小事做起，并且带动家庭、社区，争创绿色家庭、绿色社区。

活动过程：

（一）阅读资料：

在生活和工作中运用以下方式：

1.少看电视，少上网，多与家人和朋友相聚，多到户外散步、多运动。

2.尽量食用绿色食品，少食用垃圾食品；多喝水，少喝酒和碳酸类饮料。

3.用节能灯代替白炽灯，瓦数（功率）尽量低，足够照明即可，而且房间亮度低更富有浪漫情趣。

4.没人或没必要的时候，不开电灯、电视、电脑、空调等。随手关灯，关紧水龙头、煤气灶。合理使用冰箱，定期除霜。

5.晚上睡觉的时候，手机最好关机，既省电，又有利于休息，当然有要紧事情除外。

6.尽量走楼梯，不乘电梯，既可以省电又能锻炼身体。

7.近距离外出时，尽量步行或骑自行车。

8.做饭时，可以先把米在水里泡一段时间再烧。做绿豆汤时，把绿豆事先泡在热水瓶的开水中，捂上几个小时就可以喝了。

9.预备一个大桶，将洗菜、洗衣服等所用的废水收集起来再利用，可用于拖地板、冲厕所等。

10.抽水马桶的贮水箱中放一个装满水的大号可乐瓶，以减少贮水量。最好能设计两个开关，可以根据具体需要来选择用水量的多少。

11.不乱丢垃圾，进行垃圾分类。

12.避免浪费，比如可以把包装纸、广告纸等反面的空白处用来做便签或草稿纸。

13.选购商品不要一味追求高档，性价比高就是好商品。

（二）环保实践：

1.师生共同设计低碳环保宣传标语，要求言简意赅，朗朗上口。

2.结合团队活动，参加低碳环保宣传活动。

3.加强垃圾的分类管理。教师利用班会进行垃圾分类知识的讲解，在卫生角设置可回收垃圾桶、不可回收垃圾桶，并在垃圾桶旁张贴垃圾分类的具

体方法，方便学生在扔垃圾前看一看，准确无误地进行垃圾分类。教务处每个星期派学生干部检查每个班的垃圾分类情况，及时表扬表现好的班级。

4.创建班级“绿色角”。

5.举行环保知识讲座。

6.成立“护绿”环保小组，组内设置“水管员”一名，负责对班级学生在洗手、洗饭盒等用水方面进行监督，杜绝浪费现象。设置“纸管员”一名，负责监督班中学生的用纸情况，一张白纸两面用，不乱撕作业本，不用白纸叠飞机等；每星期抽查学生的作业本，一查页数是否缺少，二查纸张是否两面使用。设置“电管员”一名，负责及时开关电灯等电器。环保小组成员每天或每周把监督检查情况汇报给班主任，班主任再对有浪费现象的学生进行教育。

活动总结：

请同学们把自己在环保行动中的所做、所见、所听、所想写下来、画下来或拍下来，做成贴纸、画报等，张贴在班级或学校的墙报上。

第十一课　善美合一

信，可欲之谓善，有诸己之谓信，充实之谓美，充实而有光辉之谓大，大而化之之谓圣，圣而不可知之之谓神。

——《孟子·尽心下》

经典选诵

义理七则

主旨1：情景相生

1.1 情以物迁，辞以情发。[①]

（[南朝·梁] 刘勰《文心雕龙·物色》）

1.2 物在灵府，不在耳目。[②]

（[唐] 符载《观张员外画松石序》）

1.3 读万卷书，行万里路，胸中脱去尘浊，自然丘壑内营，立成鄄鄂，随手写出，皆为山水传神矣。[③]

（[明]董其昌《画禅室随笔·画诀》）

---

①情感因外物的变化而变化，文章因抒发情感的需要而产生。

②万物之美由心灵感知，而不存在于耳目上。

③读万卷书，行万里路，心中洗去尘埃污浊，自然在心内营造了丘岭沟壑，构建了城市风貌，随手画出，都能传递出山水的精神。鄄鄂：鄄在山东省，鄂是湖北省的别称。

主旨2：善美合一

2.1　子谓《韶》："尽美矣，又尽善也。"谓《武》："尽美矣，未尽善也。"①（《论语·八佾》）

2.2　兴于《诗》，立于礼，成于乐。②（《论语·泰伯》）

2.3　仁之实，事亲是也；义之实，从兄是也；智之实，知斯二者弗去是也；礼之实，节文斯二者是也；乐之实，乐斯二者，乐则生矣；生则恶可已也？恶可已，则不知

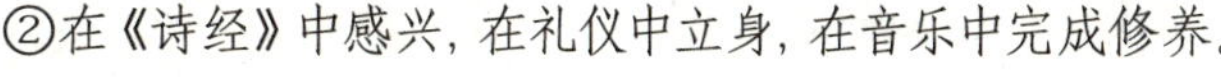

①孔子评论《韶》，说："美极了，而且好极了。"评价《武》，说："美极了，但达不到善。"
②在《诗经》中感兴，在礼仪中立身，在音乐中完成修养。

zú zhī dǎo zhī shǒu zhī wǔ zhī yě
足之蹈之手之舞之也。① （《孟子·离娄上》）

kě yù zhī wèi shàn yǒu zhū jǐ zhī wèi xìn chōng shí zhī wèi měi chōng shí ér yǒu guāng huī zhī wèi dà dà ér huà zhī zhī wèi shèng shèng ér bù kě zhī zhī zhī wèi shén
2.4 可欲之谓善，有诸己之谓信，充实之谓美，充实而有光辉之谓大，大而化之之谓圣，圣而不可知之之谓神。② （《孟子·尽心下》）

延伸阅读

阅读下面的文章，回答问题：

伯牙学琴

传说，春秋时期晋国的上大夫伯牙擅长弹奏古琴，有着高超的演奏技巧和出神入化的表现手法，被人们尊为“琴仙”。但这位“琴仙”也不是一出生就会弹琴的。当初，他曾向当时一位著名的琴师成连学习弹琴。伯

①仁的实际内容是孝敬父母；义的实际内容是顺从兄长；智的实际内容是知道这二者不能违背；礼的实际内容是节制并且文饰这二者；乐的实际内容是为这二者而乐，快乐就产生了；产生的快乐岂可止息？快乐不可止息，就不知不觉地手舞足蹈起来。
②满足人的德性的内在要求就是善，道德本体在自己身上的真实存在就是信，内心充实就是美，内心充实而又发出光辉就是大，大而能感化四方就是圣，圣达到高深莫测的地步就是神。

牙废寝忘食，苦修三载，但仍未能出师。一天，成连对他说："我只能传授你乐曲和琴艺，至于怎样使你把情感移入音乐之中，还需要拜访我的老师子春。恩师不但擅长琴艺，而且善于体验和表现复杂的情感。他住在东海之上，你可随我同去拜访、学习。"

伯牙听了很高兴，迫不及待想要见到师父口中那位神奇的师祖。历经数日，师徒二人来到了传说中仙人居住的东海蓬莱山。到了之后，成连把伯牙留下，说日后再来接他，自己却乘着一叶扁舟，飘然远去了。师父走后，伯牙左等右盼，日日望穿秋水，也未能见到师父所说的子春先生。每天，只有海岛旁边汹涌澎湃的波涛和茫茫山林中的松涛声，一刻不离地围绕在他身边。终于有一天，就在这充满自然声响的蓬莱仙境中，伯牙恍然大悟：那位老师，不就是这汹涌的海水和山林间的松涛声吗？先生确实是在教我"移情"之法呀！瞬间，伯牙灵感如泉涌，架起古琴，就在这山林呼啸、海涛汹涌的自然环境中奏出了流传千古的《高山流水》。

读了《伯牙学琴》这个故事，你有什么体会？结合文章内容，请你描绘一下"高山流水"的意境。

理论指导

"和"则生美

自古以来，先哲们便追求心境的平和，追求人与天之间的和谐。只有当内心的"情"与自然的"景"合而为一，心中杂念不存时，我们内心的真实情感才能得到表达，人与自然才能真正和谐共处。

美，既不是指客体的属性，也不是指主体的感觉，而是表示心灵进入充实、畅快、丰满、自由的状态。

中华文化中的美，是与善结合在一起的美。美是符合义理的生命精神，是与人的高尚本质相一致的生命精神，是能使人健康的生命精神。用一颗平静的心去看世界，我们的心灵将会善而美。把善和美与万物融为一体，真正的美就在我们心中。善美合一，心静如水。用那明镜去照亮自己，蓦然回首间，我们才会发现内心深处真正的美。

“善美合一”是人与自然、个体与社会、生理与伦理种种关系都处于和谐一致的状态，这是人生最美好的境界。所谓“美善相乐”，正是这样一种审美境界。

热身阅读

阅读下面的文章，回答问题：

孔子论乐

相传《韶》乐创作于上古舜帝时。舜帝在位时，实行了一系列政治改革，他任命禹担任司空，治理水土；任命弃担任后稷之职，掌管农业；任命契担任司徒，推行教化；任命皋陶执掌刑法；任命垂掌管百工；任命益掌管山林；任命伯夷主持礼仪；任命夔为乐官，掌管音乐和教育；任命龙担任纳言，负责

发布命令。大舜在位期间，泛滥天下的洪水得到治理，从此，人民安居，四海升平。当时，天下都推戴大舜的功德。正是在这样的情形下，禹创制了《韶》乐。后来，孔子周游列国，在齐国听了《韶》乐，如醉如痴，竟然三个月尝不出肉味。他感叹说："想不到欣赏音乐竟到了这种境界。"

舜帝之后，中国又经历了夏、商时期。到商朝末年，纣王昏庸暴虐，武王领军于牧野与商人交战，一举攻克商都，建立了周朝。为了庆贺这次战争的胜利，周代的乐官编制了《大武》之乐。

孔子曾经说："《韶》乐，真是美极了，而且好极了。《武》乐，美极了，却还达不到善。"

在孔子眼中，《武》乐为什么不如《韶》乐呢？

思考讨论

1.请结合经典谈一谈美与善的关系。

2.阅读材料，回答问题：

小影：我觉得韩语歌特别好听，感觉棒极了！

小娟：现在很多同学都"哈韩"，我的头发都是模仿韩国影星那样剪的！

老师：我也注意到了最近同学们的追星趋势。可是，我们这样盲目模仿对吗？青少年应该用什么标准辨别美丑？

3.请举例说明培养高雅生活情趣的意义。

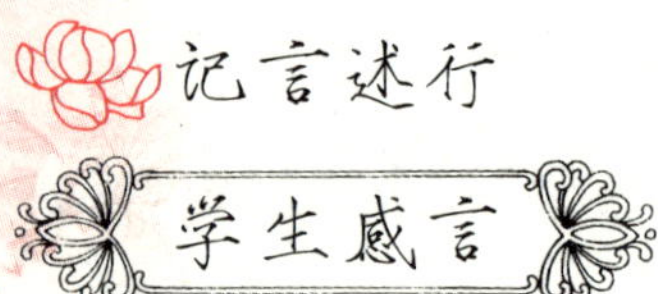
记言述行
学生感言

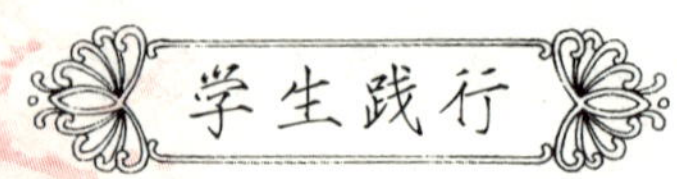
学生践行

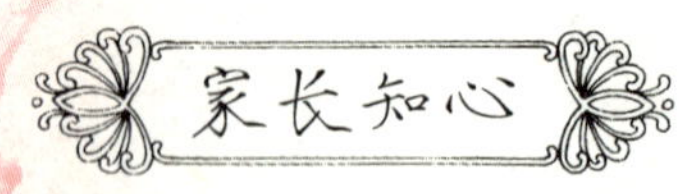
家长知心

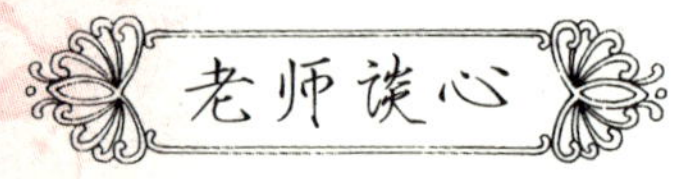
老师谈心

第十二课　文以载道

通于天地者，德也；顺于地者，德也；行于万物者，道也；上治人者，事也；能有所艺者，技也。技兼于事，事兼于义，义兼于德，德兼于道，道兼于天。

——《庄子·天地》

义理十则

主旨1：道与艺

tōng yú tiān dì zhě, dé yě; shùn yú dì

1.1 通于天地者，德也；顺于地

zhě, dé yě; xíng yú wàn wù zhě, dào yě; shàng zhì

者，德也；行于万物者，道也；上治

rén zhě, shì yě; néng yǒu suǒ yì zhě, jì yě. jì

人者，事也；能有所艺者，技也。技

jiān yú shì, shì jiān yú yì, yì jiān yú dé, dé jiān

兼于事，事兼于义，义兼于德，德兼

yú dào, dào jiān yú tiān.

于道，道兼于天。①（《庄子·天地》）

yǐ dào zhì yù, zé lè ér bù luàn; yǐ

1.2 以道制欲，则乐而不乱；以

yù wàng dào, zé huò ér bù lè.

欲忘道，则惑而不乐。②（《荀子·乐论》）

---

①通达于天地的，是德；顺从于地的，是德；通行于万物的，是道；君主治理百姓，凭借的是礼乐政刑之事；人们能有所建树，凭借的是技能。技能包含在事物中，事物包含在义中，义包含在德中，德包含在道中，道包含在天地之中。艺：建树。兼：含，包容。

②用正道来节制欲望，就会快乐但不淫乱；因欲望太高而忘却正道，就会迷惑而且不快乐。

主旨2：文以载道

shī sān bǎi yī yán yǐ bì zhī
2.1　《诗》三百，一言以蔽之，
yuē sī wú xié
曰：思无邪。①（《论语·为政》）

jūn zǐ jìn dé xiū yè zhōng xìn suǒ
2.2　君子进德修业。忠信，所
yǐ jìn dé yě xiū cí lì qí chéng suǒ yǐ jū yè
以进德也；修辞立其诚，所以居业
yě
也。②（《周易·乾·文言》）

shàn rén yuàn zǎi sī miǎn wéi shàn xié rén
2.3　善人愿载，思勉为善；邪人
wù zǎi lì zì jìn cái rán zé wén rén zhī bǐ
恶载，力自禁裁。然则文人之笔，
quàn shàn chéng è yě
劝善惩恶也。③（［汉］王充《论衡·佚文》）

dào yán shèng yǐ chuí wén shèng yīn wén ér míng
2.4　道沿圣以垂文，圣因文而明

①《诗经》三百篇，用一句话来概括它，就是思想纯正无邪。
②君子培养道德，发展事业。忠信，用来培养道德；修饰言辞，建立诚信，用来成就事业。
③善人希望得到记载，就努力行善；恶人不喜欢被记载，就努力自我节制。那么，文人的笔是用来勉励善人、惩罚恶人的。劝：勉励。

dào páng tōng ér wú zhì rì yòng ér bù kuì
道，旁通而无滞，日用而不匮。①

（[南朝·梁]刘勰《文心雕龙·原道》）

wén suǒ yǐ zài dào yě
2.5 文，所以载道也。②（[宋]周敦颐《通书·文辞第二十八》）

主旨3：文以抒情

dé zhě xìng zhī duān yě yuè zhě dé zhī
3.1 德者，性之端也；乐者，德之

huá yě jīn shí sī zhú yuè zhī qì yě shī yán qí
华也；金石丝竹，乐之器也。诗，言其

zhì yě gē yǒng qí shēng yě wǔ dòng qí róng yě
志也；歌，咏其声也；舞，动其容也；

sān zhě běn yú xīn rán hòu yuè qì cóng zhī shì gù qíng
三者本于心，然后乐器从之。是故情

shēn ér wén míng qì shèng ér huà shén hé shùn jī zhōng ér
深而文明，气盛而化神，和顺积中而

---

①道理靠圣人的文章显示，圣人凭借文章来阐明道理，贯通至一切而没有阻滞，每天运用不觉得不足。匮：乏。

②文章，是用来传载道的。

yīng huá fā wài, wéi yuè bù kě yǐ wéi wěi.
英华发外，惟乐不可以为伪。[①]（《礼记·乐记》）

3.2 yuè zhě, shèng rén zhī suǒ lè yě, ér kě yǐ shàn mín xīn, qí gǎn rén shēn, qí yí fēng yì sú, gù xiān wáng dǎo zhī yǐ lǐ yuè ér mín hé mù.
3.2 乐者，圣人之所乐也，而可以善民心，其感人深，其移风易俗，故先王导之以礼乐而民和睦。[②]

（《荀子·乐论》）

3.3 wén yǐ qì wéi zhǔ, qì zhī qīng zhuó yǒu tǐ, bù kě lì qiáng ér zhì.
3.3 文以气为主，气之清浊有体，不可力强而致。[③]（[三国·魏]曹丕《典论·论文》）

---

①道德是性情的发端，音乐是道德的外在表现，金石丝竹是音乐的器具。诗是用来表达人的心志的，歌是用来咏唱心声的，舞蹈是用来活动形体容貌的，这三者都从内心出发，音乐从而产生。因此感情深厚而且文辞明白，气势盛大而且出神入化，和顺的情感蓄积在心里而光华显露在外面，只有音乐是不能够作伪的。

②音乐是圣人所喜爱的，可以用来使民心变善，能够深深地感化人，改变社会的风俗习惯，因此古代的圣王用礼乐来教导民众，使之和睦相处。

③文章以气为主，有的气清新，有的气重浊，不可强求而得。

延伸阅读

阅读下面的文章，回答问题：

郑板桥画竹

清代著名的大画家郑板桥，其画作之中往往寄寓了自己的人品与志趣。我们以《劲竿凌云图》为例来看，图中画了三五根竹竿，还有一块瘦石。有人评价他画的竹子有君子的气概，具有“瘦劲孤高”的神韵，“豪迈凌云”的气魄。画中竹子靠在石头旁边，却不被石头所羁绊，体现出“枝枝傲雪，节节干霄”的品格。所以说，他画的竹子“有似乎士君子豪气凌云”，这也同样是郑板桥人品的写照。

郑板桥作画不牟取暴利，不用于讨好达官贵人，而是用来给天下的劳动人民带来精神的安慰，他说：“凡吾画兰画竹画石，用以慰天下之劳人，非以供天下之安享人也。”

根据这篇文章，结合本课所学，针对当今有人借用国学牟取暴利的现象，谈谈你的看法。

理论指导

文与道

道是艺的前提，无道、无德、无爱之人亦无所谓艺。每一段跌宕起伏

的旋律，每一首感人肺腑的诗歌，每一幅色彩斑斓的图画，都凝聚着一颗心，是心灵通过艺术在与世界对话。无道之人，无论技艺多么精湛，其所表现出的艺，都是空洞而无灵魂的。艺，是道的外化，所以我们应该先成为有道之人，进而才能追求艺的进步。

做事要先做人，我们常常听人说“字如其人”、“文如其人”、“画品如人品”，从事艺术行业、做学问，确实要有一个正确的指导思想。选拔人才的原则是“德才兼备，以德为先”；经商做生意的准则是“诚信为本”。其实任何技能和艺术，都是为了让人获得善和美。陆游说“汝果欲学诗，功夫在诗外”，人们只有修养道德，不断净化自己的心灵，不断升华思想境界，才会做到文以载道、艺以载道，也才能更好地利世济人。

现代社会，生活节奏之快，让我们不得不接受快餐文化。如果快餐文学充斥着毫无内涵的思想，那读书又有何益？如今不能一味强调多读书，而应该是读好书，否则就会误入歧途。

和和和和和和和和和和和

热身阅读

阅读下面的文章，回答问题：

齐白石：画如其人

齐白石老人是世界公认的中国画大师。他1864年出生于湖南湘潭县，1957年辞世，享年93岁。无论在艺术修为还是人品道德上，齐白石老人都是我们学习的榜样。

人品即画品。画家的画作，往往反映了创作者的道德情操和精神风貌。有人评价齐白石老人“单纯而不简单、真率而不粗俗、热烈而不痴狂、鲜明而不华艳、诙谐而不滑稽”。齐白石老人也将这样的品格融入到自己的画作中。

日本侵略者占领北平期间，齐白石老人拒绝同日军合作，退回了美术学院教授的聘书和赠煤，贴出了“官入民家主人不祥”的告白以拒见日酋、汉奸。

齐白石老人也不喜攀结达官贵人，自称“以见贵人为苦事”，并作诗以明其志：“穷到无边犹自豪，清闲还比做官高。归来尚有黄花在，幸喜生平未折腰。”

齐白石老人非常关注现实，常常用手中的笔表达对现实的看法：《灯鼠图》讽刺敲榨勒索民脂民膏的军阀官僚，《发财图》讽刺唯利是图的商人。在《蟹》图中题诗“看你横行到几时”，以讽刺汉奸。在《不倒翁》画作上题诗“乌纱白扇依然官，不倒原来泥半团。将汝忽然来打破，浑身何处有心肝”，以讽刺贪官。

1955年，齐白石老人在获得国际和平奖金时曾说：“正因为爱我的家乡，爱我祖国美丽富饶的山河土地，爱大地上一切活生生的生命，因此花费了我毕生精力，把一个普通中国人的感情画在画里、写在诗里。直到近几年，我才体会到，原来我追求的就是和平。”

正如世界和平理事会国际和平奖评委会指出的那样：“他毕生颂扬美丽和平的境界，以及人类追求美好生活的善良愿望，在全世界得到了共鸣。”

（根据“人民网”资料整理）

请根据这篇文章，结合本课所学，谈谈齐白石老人的为人和画作是怎样达到和谐的。

思考讨论

1.谈谈你对“文以载道”中“道”的理解。你认为“道”应该包括哪些方面的内容?

2.阅读材料,回答问题:

小影:周末的时候,我一般都在家看电视,最喜欢看动画片或文艺节目。

小娟:我不喜欢看电视。我妈妈说电视就像插了电的“毒品”,会让人上瘾的。

老师:同学们,你们喜欢看电视吗?学了这一节课,你们准备以后怎么做?

3.你听说过“网络文学”吗?你看过网络文学作品吗?在互联网这个自由虚拟的世界里,很多文学爱好者把他们的言论和作品展示出来,与大家分享。那么,“网络文学”是否要“载道”呢?

4.读下面两首诗,结合本课所学内容,请你谈谈读后的感觉有什么不同,为什么?

竹屋围深雪,林间无路通。
暗香留不住,多事是春风。

——〔清〕蒋锡震《梅花》

风雨送春归,飞雪迎春到。已是悬崖百丈冰,犹有花枝俏。俏也不争春,只把春来报。待到山花烂漫时,她在丛中笑。

——毛泽东《卜算子·咏梅》

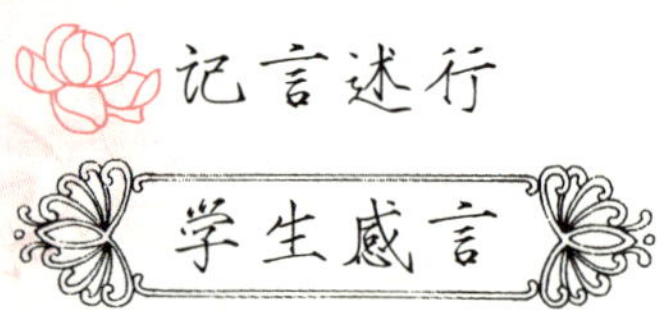

记言述行

学生感言

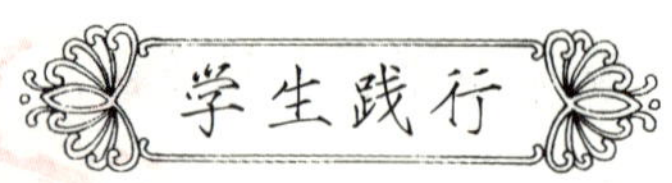

学生践行

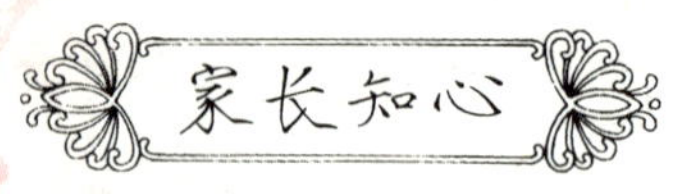

家长知心

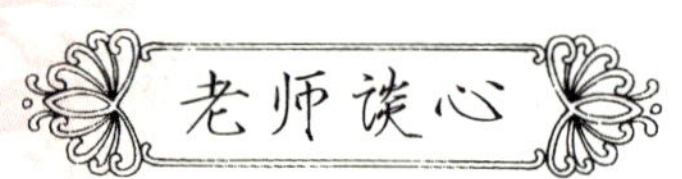

老师谈心

第十三课　心灵清静

堕肢体，黜聪明，离形去知，同于大通，此谓坐忘。

——《庄子·大宗师》

经典选诵

义理十则

主旨1：去除心灵毒素

shēn rě chén āi zhān shàng qiǎn, xīn suí yù jìng rǎn
1 身惹尘埃沾尚浅，心随欲境染
yóu shēn. kān lián jǔ shì wàng yuán zhě, zhǐ xǐ pí fū
尤深。堪怜举世忘源者，只洗皮肤
bù xǐ xīn.
不洗心。① ([宋]吴秀《人天宝鉴》)

主旨2：心无杂念

fǎn guān suǒ qǐ zhī xīn, guò qù yǐ miè,
2.1 反观所起之心，过去已灭，
xiàn zài bù zhù, wèi lái wèi zhì, sān jì qióng zhī,
现在不住，未来未至，三际穷之，
liǎo bù kě dé.
了不可得。② ([隋]智𫖮《童蒙止观》)

---

①身体沾惹了尘埃只在浅层，心在贪欲之境中被污染得很深。可怜世人忘却了根本，只去洗净皮肤却不洗净内心。

②反观心中所生起的各种念头，过去之心已经熄灭，现在之心不会停留，未来之心尚未到来，从过去、现在、未来三段时间去追寻，什么也得不到。

2.2　雁无遗踪之意，水无留影之心。①（《五灯会元·义怀禅师》）

主旨3：物我两忘

3.1　堕肢体，黜聪明，离形去知，同于大通，此谓坐忘。②（《庄子·大宗师》）

3.2　乐寂者，知妄从心出，息心则众妄皆静。③（《宗镜录》）

主旨4：持敬收敛

4.1　问：不知敬如何持？曰：只是要收敛此心，莫令走失便是。今人精神自不曾定，读书安得精专？凡看山

①飞雁没有在天空中留下踪迹之意，水潭没有留下事物踪影之心。

②忘却肢体，丢掉聪明，离开身躯，去掉智慧，与大道融通为一，这就叫做“坐忘”。堕：通“隳”，毁坏。黜：退除。知：通“智”。

③乐于寂静的人，知道种种虚妄都是从内心中产生的；止息心念，所有虚妄就都静止下来了。

kàn shuǐ fēng jīng cǎo dòng cǐ xīn biàn zì zǒu shī shì
看水，风惊草动，此心便自走失，视
tīng biàn zì xuàn huò cǐ hé yǐ wéi xué
听便自眩惑，此何以为学？①（《朱子语类》）

jìng zé xīn zì cún bù bì zhào kàn zhuō
4.2 敬则心自存，不必照看捉
mō jìng zé zì xū jìng bù bì qù qiú xū jìng
摸；敬则自虚静，不必去求虚静。②

（[明]胡居仁《胡文敬集·与陈大中》）

主旨5：意识专一

jìng zuò fēi shì yào rú zuò chán rù dìng duàn
5 静坐非是要如坐禅入定，断
jué sī lǜ zhǐ shōu liǎn cǐ xīn mò lìng zǒu zuò
绝思虑。只收敛此心，莫令走作，
xián sī lǜ zé cǐ xīn zhàn rán wú shì zì rán zhuān
闲思虑，则此心湛然无事，自然专
yī
一。③（《朱子语类》）

---

①提问：不知道如何持敬？回答：只是要收敛自己的心，不要使它走失罢了。现在，人们的精神本身不能安定，读起书来怎么会精专？大凡看见山看见水，风吹草动，自己的心便走失，视听便会迷乱，这怎么能做学问？

②持敬则心意便不会放荡，不必观看捉摸；持敬则心中自然虚静，不必去求取虚静。

③静坐并不是要像坐禅入定一样，断绝思虑。只是收敛自己的心，不要让它走失，随便思虑，那么，自己的心便是湛然空明，自然保持精神的专一。

主旨6：清静之用

6.1　至人之用心若镜，不将不迎，应而不藏，故能胜物而不伤。①（《庄子·应帝王》）

zhì rén zhī yòng xīn ruò jìng, bù jiāng bù yíng, yìng ér bù cáng, gù néng shèng wù ér bù shāng.

6.2　水静则明烛须眉，平中准，大匠取法焉。水静犹明，而况精神！圣人之心静乎！天地之鉴也，万物之镜也。②（《庄子·天道》）

shuǐ jìng zé míng zhú xū méi, píng zhōng zhǔn, dà jiàng qǔ fǎ yān. shuǐ jìng yóu míng, ér kuàng jīng shén! shèng rén zhī xīn jìng hū! tiān dì zhī jiàn yě, wàn wù zhī jìng yě.

延伸阅读

阅读下面的文章，回答问题：

孔颜论“坐忘”

有一天，颜回对孔子说：“我进步了。”孔子听了，问：“为什么这样

①得道高人用心如同明镜，去不送，来不迎，只如实映照，无所隐藏，所以能常照物而不被外物所伤。

②水平静的时候，就可以清楚地照出胡须和眉毛。水的平面合乎水平的标准，大工匠便取为准则。水平静了才清澈，何况是精神呢！圣人的心是多么虚静啊！可以作为天地的镜子，万物的镜子。

说？”颜回回答道：“因为我忘记了仁义。”孔子听了，微笑道：“不错，但是还不够。”

又有一天，颜回见到孔子，说：“我进步了。”孔子又问：“为什么这样说？”颜回答道：“我忘记礼乐了。”孔子又微笑着对颜回说：“好啊！不过还不够。”

后来，又一天，颜回对孔子说：“我进步了。”孔子仍然问道：“为什么这样说呢？”颜回恭敬地答道：“我做到‘坐忘’了。”孔子听了，问：“什么叫‘坐忘’？”颜回回答说：“忘记自己的肢体，丢掉聪明的头脑，远离现在的身体和知觉，与大道相通并合为一体，这就是‘坐忘’。”孔子听了，说：“与大道相通就没有偏好，与自然变化同一就超越常理。你果真是贤人啊。请让我跟随你学习吧！”

根据上面的故事，请你具体分析究竟应该在静坐中忘掉什么。

理论指导

物我两忘与清静无为

自古以来，人类对自由都充满着强烈的希求和衷心的渴望。而真正的自由，则完全在于心灵的解放。这种解放是通过对“小我”的放弃，从而获得“大我”。将“小我”融汇在大自然的“大我”之中，与大自然做最亲密的交流，这就是“物我两忘”。

每个人都喜欢干净。人为了使身体时常保持清洁，所以要洗澡，用水

清洗可以使外表干净，那内在的“干净”如何来实现呢？一个人在生活中，会自觉不自觉地受到各种浸染，它们沉淀在心灵之中，就形成心灵的毒素。只有通过涵养，才能消除心灵中的毒素，抹去心灵中的尘埃，让心灵处于虚静之中。应物而起，随机流转，顺畅活泼，便能进入空灵的清静状态。

清静无为是指克制外欲，清神静心，顺应自然，凡事不要违反“天时、地性、人心”，凭主观愿望和想象行事。清静无为不是消极地对万事万物的发展不加干预；相反，只有做到清静无为，才会更好地有所作为。

清静无为的人心中没有过多的个人私欲，因此能以平静的心态正视现实中的许多不如意，包括各种困难和灾难；清静无为的人心中永远如一泓清水，清澈透明，安静祥和，不会怨天尤人、自暴自弃。诸葛亮告诫我们“非淡泊无以明志，非宁静无以致远”。每个人都希望自己的人生快乐幸福、事业有成；可是，如果心灵中充满了抱怨、愤怒、不安、恐惧、不满……又有何快乐幸福可言呢？所以，我们要学会从物我两忘和清静无为开始，由内而外，逐渐构建我们幸福的人生。

热身阅读

阅读下面的文章，回答问题：

心中有佛

据说，有一次，宋朝的大诗人苏东坡和禅师佛印在一起打坐。苏东坡想拿

佛印开个玩笑，就问："禅师，您看我打坐的样子如何？"佛印很认真地说："居士姿态端严，像一尊佛。"然后又问苏东坡道："居士看我打坐的样子如何？"苏东坡狡猾地笑了一下，说："禅师，你好像一堆牛粪啊。"佛印笑而不答。

回家后，苏东坡面带得色地对苏小妹说了这件事。没想到，苏小妹听后，莞尔一笑，说："兄长又输了。"苏东坡不解，问她为什么。苏小妹说："禅师看你像一尊佛，说明他心中有佛；而兄长你看禅师像一堆牛粪，那你心里是什么呢？"

看完这个故事，你得到了哪些启示？

思考讨论

1.有人认为老子清静无为的思想是一种消极的思想，是一种逃避现实的行为，你认同吗？对此谈谈你的看法。

2.针对如何在现实生活中保持心灵的清净，你有什么好的方法吗？

3.阅读材料，回答问题：

"慢活族"是当代都市精英人士中一个新的群体，他们的生活理念就是"慢慢活，更快活"。"慢活"，就是与大多数人的浮躁、忙碌相对的一种安逸和清净，怀着这样的心情去工作和生活，就能在轻松和悠然中享受高质量的人生。

结合本课内容，请你分析"慢活族"产生的原因，并说说这对你的启示。

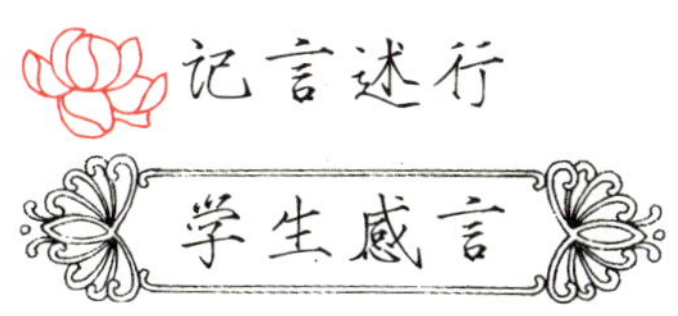
记言述行
学生感言

学生践行

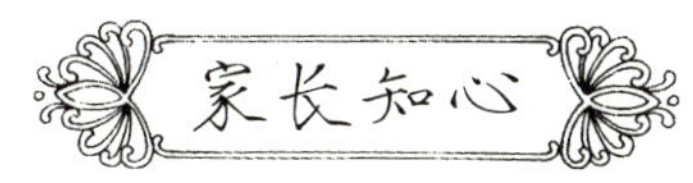
家长知心

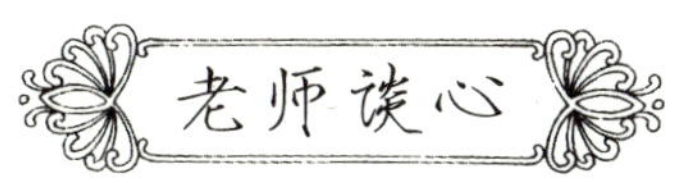
老师谈心

和

第十四课　孔颜之乐

饭疏食，饮水，曲肱而枕之，乐亦在其中矣。不义而富且贵，于我如浮云。

——《论语·述而》

经典选诵

义理九则

主旨1：得道之乐

zǐ yuē xián zāi huí yě yī
1.1 子曰：“贤哉，回也！一
dān shí yī piáo yǐn zài lòu xiàng rén bù kān
箪食，一瓢饮，在陋巷，人不堪
qí yōu huí yě bù gǎi qí lè xián zāi huí
其忧，回也不改其乐。贤哉，回
yě
也！”①（《论语·雍也》）

fàn shū shí yǐn shuǐ qū gōng ér zhěn
1.2 饭疏食，饮水，曲肱而枕
zhī lè yì zài qí zhōng yǐ bù yì ér fù qiě
之，乐亦在其中矣。不义而富且
guì yú wǒ rú fú yún
贵，于我如浮云。②（《论语·述而》）

---

①孔子说：“颜回是贤人啊！一箪饭，一瓢水，居住在简陋的小巷里，人们都无法忍受这样的困顿，颜回并不因此而改变他的快乐心态。颜回是贤人啊！”回：指孔子的弟子颜回。箪：古代盛饭用的圆形竹器。

②吃粗粮，喝淡水，弯起胳膊当枕头，快乐也就在这当中了。不合义理的富裕和高贵，对我来说，就像浮云一样。肱：胳膊。

jūn zǐ tǎn dàng dàng, xiǎo rén cháng qī qī

1.3　君子坦荡荡，小人长戚戚。①

（《论语·述而》）

fù mǔ jù cún, xiōng dì wú gù, yī lè yě; yǎng bù kuì yú tiān, fǔ bù zuò yú rén, èr lè yě; dé tiān xià yīng cái ér jiào yù zhī, sān lè yě

1.4　父母俱存，兄弟无故，一乐也；仰不愧于天，俯不怍于人，二乐也；得天下英才而教育之，三乐也。②（《孟子·尽心上》）

主旨2：天然之乐

yǔ rén hé zhě, wèi zhī rén lè; yǔ tiān hé zhě, wèi zhī tiān lè

2.1　与人和者，谓之人乐；与天和者，谓之天乐。③（《庄子·天道》）

wàng zú, lǚ zhī shì yě; wàng yāo, dài zhī shì yě; wàng shì fēi, xīn zhī shì yě; bù nèi

2.2　忘足，履之适也；忘要，带之适也；忘是非，心之适也；不内

---

①君子的心胸坦荡，小人的心中常常感到忧愁。

②父母健在，兄弟无病无灾，是第一乐事；抬头无愧于天，低头无愧于人，是第二乐事；得到天下的人才而教育他们，是第三乐事。

③与人和谐，这是人乐；与自然和谐，这是天乐。

biàn bù wài cóng shì huì zhī shì yě shǐ hū shì ér
变，不外从，事会之适也。始乎适而

wèi cháng bù shì zhě wàng shì zhī shì yě
未尝不适者，忘适之适也。①（《庄子·达生》）

rì chū ér zuò rì rù ér xī xiāo yáo
2.3 日出而作，日入而息，逍遥

yú tiān dì zhī jiān ér xīn yì zì dé
于天地之间，而心意自得。②（《庄子·让王》）

主旨3：苦中取乐

jìng zhōng jìng fēi zhēn jìng dòng chù jìng dé
3.1 静中静非真静，动处静得

lái cái shì xìng tiān zhī zhēn jìng lè chù lè fēi zhēn
来，才是性天之真境。乐处乐非真

lè kǔ zhōng lè dé lái cái shì xīn tǐ zhī zhēn
乐，苦中乐得来，才是心体之真

jī
机。③（[明] 洪应明《菜根谭》）

---

①忘却脚，是鞋子的舒适；忘却腰，是腰带的舒适；忘却是非之争，是心灵的安适；内心不变，外不从物，是处境的安适。开始时舒适，而且一直处于舒适之中，这是忘掉舒适的舒适。要：通“腰”。

②太阳出来便劳作，太阳落山便休息，在天地之间逍遥自在，并且自得其乐。

③在宁静的环境中保持着的宁静，不是真正的宁静；在喧闹的环境中能够静下来，才是善性本来清净的真正境界。在欢乐的场合中欢乐，不是真正的欢乐；从苦难中得来的快乐，才是心灵本体的真正显现。

3.2 贫贱是苦境，能善处者自乐；富贵是乐境，不善处者更苦。①

pín jiàn shì kǔ jìng, néng shàn chǔ zhě zì lè; fù guì shì lè jìng, bù shàn chǔ zhě gèng kǔ.

（[清] 金缨《格言联璧·持躬篇》）

延伸阅读

阅读下面的文章，回答问题：

安贫乐道

孔子曾对他的弟子说："饭疏食，饮水，曲肱而枕之，乐亦在其中矣。不义而富且贵，于我如浮云。"意思是说，虽然吃着粗糙的食物，住在简陋的地方，但仍能乐在其中。那种通过背信弃义而取得的财富和尊位，对我而言，就如同天上的浮云一般，转眼即逝。由此可见，孔子将对道义的追求看得高于一切。

孔子的得意门生颜回就继承着这种安贫乐道的精神操守。孔子常常以颜回作为榜样来教育其他学生。

有一次，孔子说："贤哉，回也！一箪食，一瓢饮，在陋巷，人不堪其忧，回也不改其乐。贤哉，回也！"意思是说，颜回，真是个贤者啊！他住

①贫贱是受苦的境遇，但善于调理的人会苦中有乐；富贵是欢乐的境遇，但不善于调理的人则乐中生悲。

在荒僻的巷道里，过着极其艰苦的生活。吃一小筐饭，喝一小瓢水，这要是落在别人头上，早已不堪忍受了，但是颜回始终感到满足、快乐。颜回的的确确是个贤德的人啊！

孔子为什么要赞扬颜回？

理论指导

“孔颜之乐”解析

中国传统文化所倡导的快乐，是通过自我的修身养性，进入与道同在、物我为一的境界。在这种境界中，心灵得以滋养、充实、慰藉、安顿，即使过着清贫的生活，精神也能处于无限的悦乐之中，这就是孔颜之乐。惟有乐道，才能安贫。

这种“得道”的快乐，不是我们常人所理解的与苦对立的暂时的快乐。一般而言的感性的喜乐或精神的愉悦，往往必须依靠外物或外有境遇。但“孔颜之乐”是一种完全超越了贫富贵贱、苦乐顺逆、功名利禄等任何利害关系，回归于生活、生命本身的快乐。

程颢写过《春日偶成》这样一首诗：“云淡风轻近午天，傍花随柳过前川。时人不识余心乐，将谓偷闲学少年。”此一“心乐”所达到的“天人合一，万物同体”的精神境界，正是孔颜的乐处。王阳明先生说的“道在险夷随地乐，心忘鱼乐自流形”、“视天下犹一家，中国犹一人”，其所达到的物我交融、超越时空的高度自由境界及完全摆脱个人名利、贫富穷

达的无私境界，不也正是孔颜乐处吗？

若能达到孔颜之乐的精神境界，自我进取和人格的自由超越就能达到统一，善的意志就散发出美的光辉。

热身阅读

阅读下面的文章，回答问题：

快乐的秘方

有一位少年，实在找不到快乐的理由，整天闷闷不乐，于是他跑到深山里向一位隐居的大师求教。大师告诉他："己如人，人如己，人如人，己如己。——这就是快乐的秘方。"少年听后，高兴极了，于是按照大师的话开始了自己全新的生活，最后果然成为了一个快乐的人。

下面我们来分析一下大师的秘方到底有什么魔力吧！当你在生活中遇到挫折、困难，甚至感到走投无路时，不妨做到"己如人"，试着把自己当成别人，便能置身事外，不快乐的情绪自然减轻。不仅如此，当功成名就、取得好成绩时，不妨还试着"己如人"，那么就不至于得意忘形，让胜利冲昏了头脑而贻误大事。"人如己"就是把别人当成自己，说的是在与人交往时，要设身处地为他人着想，对别人多一些同情和帮助，这样就能得到更多的朋友，生活也会快乐起来。"人如人"就是要把别人当成别人，也就是说要学会尊重别人，千万不要自以为是，任何时候都不要怠慢别人、强求别人，因为别人有选择的自由，不能妄加干涉。最后一句“己如己”的意思是把自己当成自己，就是说自己是唯一的，要有独立的个性，不能人云亦云。这就是快乐的秘方，你也赶快试试用这个秘方让自己变成快乐的人吧！

请结合本课所学，谈谈你从这篇文章中得到的启示。

思考讨论

1.阅读材料，回答问题：

①一个成功的企业家为了保持良好心态，激发自己的潜能，每天早晨起床第一件事，就是对着镜子大声对自己说：“我感觉一天比一天好！我身体很健康！我工作很顺利！我很走运！”

②前苏联作家奥斯特洛夫斯基是这样面对生活的：“对我来说，活着的每一天都意味着要和巨大的痛苦作斗争，但你们看到的是我脸上的微笑。”

材料中的两个人对待生活采取了什么态度？这对你有什么启发？

2.现在的人们都在拼命地追求快乐，甚至花钱买乐，可总是不快乐，或者所获得的快乐总是很短暂。那么什么是真正的快乐？你有办法让自己快乐起来吗？

3.你对“穷得只剩下钱了”这句话怎样理解？

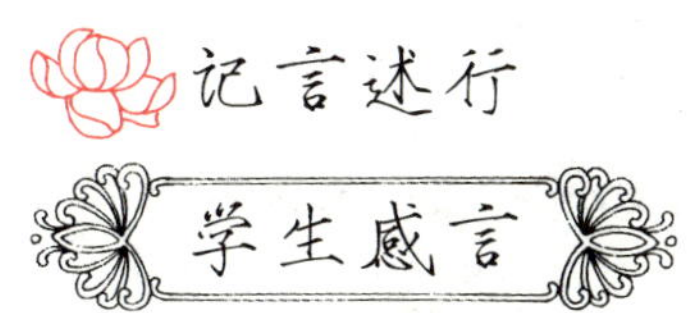

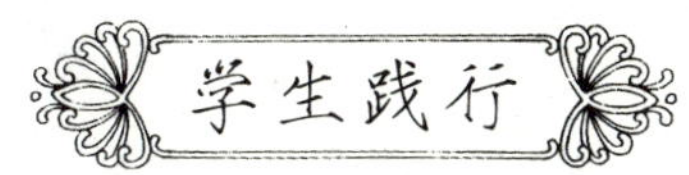

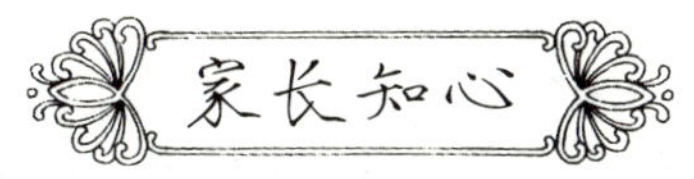

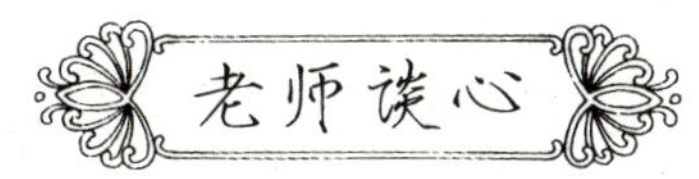

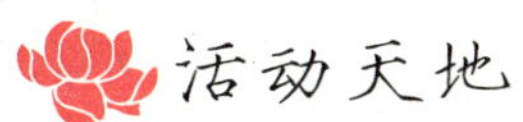

学习手语歌曲《生命之河》

活动目标：

“孔颜之乐”是通过修养身心、领悟大道而达到的一种思想境界。音乐教师靳雅佳所推行和倡导的“乐教”、“善乐”，是我们这个时代端正人心的妙方。此次活动旨在通过学习手语歌曲，让学生体会“孔颜之乐”的意境。

活动过程：

请同学们查找相关资料，在班上播放靳雅佳老师的手语歌曲《生命之河》，让所有同学跟随学习手语动作及歌曲。

活动总结：

请同学们在班会中谈谈自己学习这首歌曲的感受，最后由教师对活动内容进行总结。

总 结

天	地	感		万	物	生
和	生	物		同	不	继
调	阴	阳		制	五	行
安	其	位		正	其	性

天与地相互感应，万物才能生长。不同因素和谐地结合在一起，才能产生新的事物。如果只有相同因素的积累，就不能产生新的事物。调和阴阳，金、木、水、火、土五行相互制衡。安于自己的位置，端正自己的本性。

损	有	余		补	不	足
穷	则	变		变	则	通
道	并	行		而	不	悖
君	子	和		而	不	同

对多馀者加以减损，对不足者进行弥补。处于困境中，就必须变化，变化了才能通达。大道并行不悖。君子追求和谐，但并不强求相同。

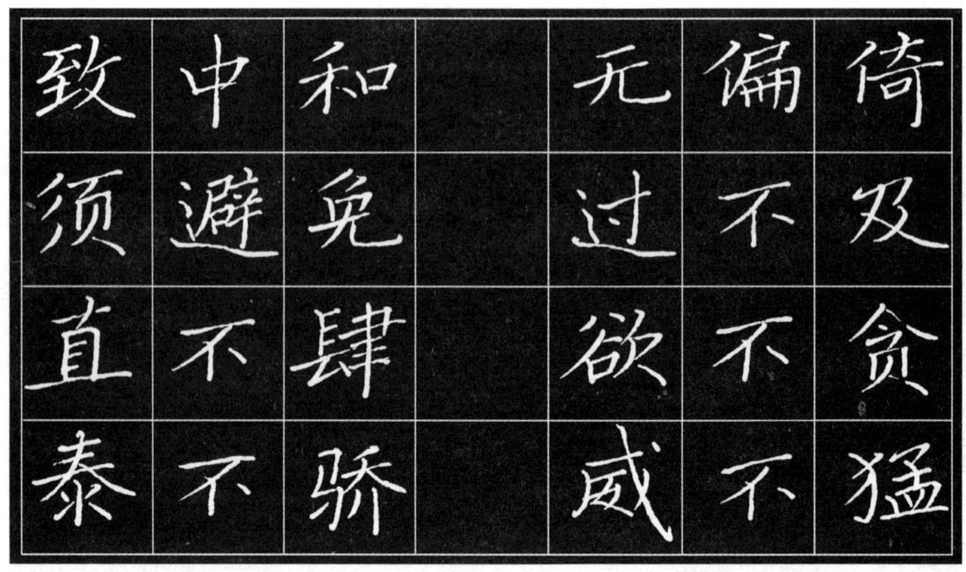

达致中和，无所偏向，必须避免过与不及两个极端。直率但不能放肆，有欲望但不能贪婪，安泰而不骄傲，威严但不凶猛。

温和而又严厉，恭敬而又安定，柔弱而又刚强。快乐而不放荡，悲哀而不过分，外在的文采与内在的本质相得益彰。

仇	必	解		竞	当	和
勿	乘	势		勿	凌	弱
弘	正	道		行	光	明
俯	不	怍		仰	不	愧

仇恨必须和解，竞争当中要有协调。不要仗势欺人，不要欺凌弱者。弘扬正道，行为光明磊落，仰头和俯首都不感到惭愧。

善	心	长		恶	念	消
仇	宜	去		怨	当	了
财	物	轻		怨	何	生
言	语	忍		忿	自	泯

善心在生长，恶念在消退。仇恨应当除去，怨恨应当了结。与人相处不斤斤计较财物，怨恨就无从生起。在言语上能够包容忍让，怨怒的事情自然消失。

存心于善，善的东西就会有所回应；存心于恶，恶的东西也会有所回应。时常感念善的东西，就会趋向于善；时常感念恶的东西，就会趋向于恶。

水处于激荡之中，就不会清澈。心处于动荡的状态，就不会清明。心灵就像一面镜子，需要时时拂去镜面上的灰尘。心灵感应万物，但不要让万物留下不好的印迹。

遇	祸	难		心	不	动
如	清	潭		扰	自	退
方	寸	心		和	悦	净
城	门	闭		患	不	入

遇到灾难祸害，心静不妄动，就如同清潭一样，纷扰自然会消退。心灵这一方寸之地，要保持和平、喜悦、洁净；将感官的城门关闭，让烦恼忧愁不能进入。

嫉	创	己		后	创	人
怨	伤	己		再	伤	人
守	正	念		离	妄	想
去	贪	欲		生	喜	乐

嫉妒先伤害自己，然后再伤害他人。怨恨先伤害自己，再伤害他人。守护正念，就会远离妄想。去除贪欲，就会产生欢喜与快乐。

戒	惧	念		无	时	息
稍	有	息		入	昏	瞶
心	纷	扰		须	虚	静
空	而	妙		虚	而	灵

警戒与畏惧的心念，不可有一时停息；稍有一时的停息，便会坠入昏瞶。心灵纷纷扰扰，就应当以虚静之道对治。心灵空寂，方入妙境；心灵虚静，才有灵觉。

衣	食	简		清	贫	日
孔	颜	乐		乐	于	道
为	君	子		坦	荡	荡
做	小	人		常	戚	戚

衣食简单，清贫度日；孔颜之乐，乐在正道。君子宽容坦然，小人狭隘忧惧。

诗	三	百		思	无	邪
诵	诗	文		治	性	情
德	之	音		谓	之	乐
尽	善	矣		又	尽	美

《诗经》三百多篇，其思想纯正无邪。诵读诗文，陶冶性情。有道德内涵的音，才叫做乐。既要达到善的境界，也要达到美的境界。

道	制	欲		乐	不	乱
欲	忘	道		惑	失	乐
主	于	道		艺	可	进
主	于	艺		道	艺	衰

用正道来制约欲望，快乐但不迷乱。欲望太多而忘却正道，处于迷惑之中而失去快乐。若用心于正道，技艺可以不断进步；只专注于技艺，则正道与技艺都会走向衰落。

景产生情，情产生景，情景交融。由精神创造意象，由心灵创造生命境界。人心不同，则生命的境界就各不相同。人品高尚，其作品气韵就高。

推究事物，发用良知；真心诚意，端正心术；修养自身，整治家庭；治理国家，天下太平。

待	下	宽		事	上	敬
人	不	知		而	不	愠
君	子	争		敬	而	和
小	人	争		狂	且	恶

对待地位比自己低的人要宽厚；对待地位比自己高的人要恭敬。别人不了解自己，自己也不怨恨。君子相争，相互尊敬而且和谐；小人相争，猖狂而且邪恶。

躬	自	厚		薄	责	人
德	不	孤		必	有	邻
己	身	正		方	正	人
修	文	德		服	远	人

对自己要求严格，对别人责备不宜太多。有道德的人不会孤独，必定有与他为伴的人。自己端正了，才能去矫正他人。培育自己的教养与道德，才能使远方的人敬服。

以自身为典范，以言语为教诲。家道，重在勤劳、俭朴、和谐。骨肉亲情，就像树枝连生在一起。家庭和顺，就会有很多的欢乐。

父母与子女相亲相爱，夫妻之间要有正义，长幼有序，朋友之间讲诚信。当哥哥姐姐的要友爱弟妹，做弟妹的要懂得尊敬兄姐；兄弟姐妹能和睦相处，孝道就体现在其中。

善	迎	人		谓	之	顺
恶	逢	人		谓	之	谀
爱	人	者		人	爱	之
敬	人	者		人	敬	之

用善的东西迎合别人，就叫做顺；用恶的东西去迎合别人，就是谀。爱别人的人，别人就会爱他；尊敬别人的人，别人也会尊敬他。

人	法	地		地	法	天
天	法	道		道	自	然
巧	诈	多		蔽	真	性
归	于	朴		现	天	性

人效法大地，大地效法天，天效法道，道处于自然状态。机巧和欺诈多了，就会蒙蔽人的真实性情。复归纯朴，才能显现天然的本性。

顺应天时，依靠地利，遵行正道，得到人和。人与人建立和谐关系，叫做人乐；人与天建立和谐关系，叫做天乐。

心地宽广，众多事物就是畅通无碍的；心地狭隘，众多事物就是有弊病的。品德高尚的人，有赤子之心。圣人的心，就如同天地的镜子。

能	好	人		能	恶	人
不	怨	天		不	尤	人
有	容	物		无	去	物
有	爱	物		勿	践	物

能够喜爱良善之人，能够厌恶邪恶之人。不要埋怨上天，也不要归咎于别人。能够容纳万物而不抛弃万物；能够珍惜万物而不践踏万物。

道	生	之		德	畜	之
物	形	之		势	成	之
尽	其	心		知	其	性
知	其	性		则	知	天

“道”产生万物，“德”使万物得以养育；材质使万物成形，环境使万物长成。穷尽心中的伦理，就知道了善性；知道了善性，就知晓天道。

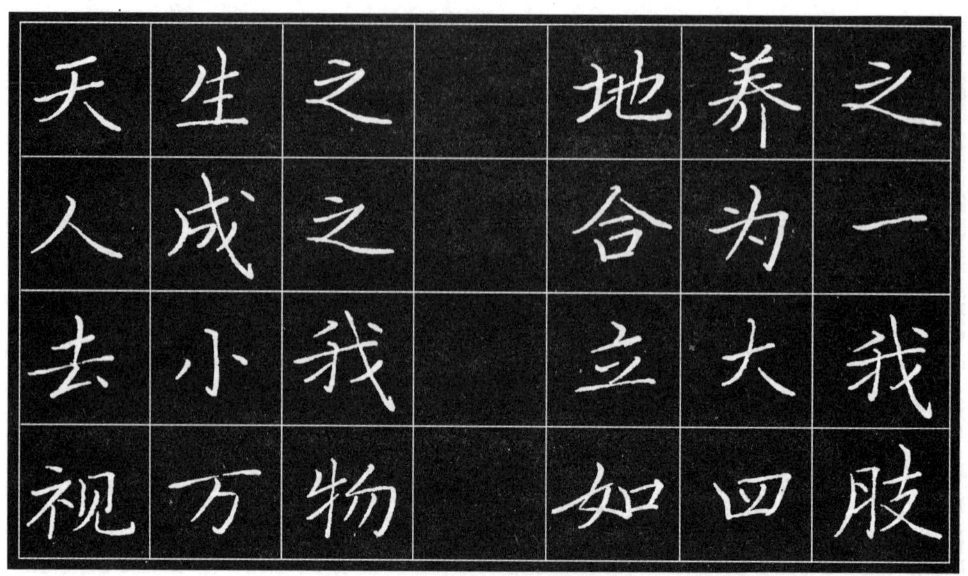

上天生长了万物，大地抚育了万物，人成就了万物，天、地、人合而为一。去除小我，树立大我，将万物视为自己的四肢。

从自身来看，则万物有差等。从大道的立场上来看，万物无贵贱之分。私欲少了，就不会伤害万物。天地各在其位，万物就能生长发育。

鸭	胫	短		续	之	忧
鹤	胫	长		断	之	悲
勿	以	人		而	入	天
辅	自	然		不	妄	为

鸭腿虽短，如果给它续上一截，它就会忧愁；鹤腿虽长，如果给它砍掉一段，它就会悲伤。不以人为的方式去干预自然。辅助自然的化育流行，而不要任意妄为。

立	天	道		曰	阴	阳
立	地	道		曰	刚	柔
立	人	道		曰	仁	义
吾	心	正		天	地	正

建立天道的，是阴与阳；建立地道的，是刚与柔；建立人道的，是仁与义。我的心端正了，天地也就端正。

（选自陈杰思编著《君子规》，陈平书法创作）